Thomas Schmidt
Hamburgs grüne Schätze

Thomas Schmidt

Hamburgs grüne Schätze

Eine Entdeckungsreise durch
die 28 Naturschutzgebiete der Stadt

Unter Mitarbeit von
Robert Wohlleben

CONVENT VERLAG

Meinem Vater Hans-Ulrich Schmidt zum Abschied

© 2004 Convent Verlag GmbH, Hamburg
Umschlagentwurf: X-six agency GmbH, Hamburg
Satz und Repros: KCS GmbH, Buchholz/Hamburg
Druck und Bindung: Westermann Druck Zwickau GmbH, Zwickau
ISBN 3-934613-74-8

Inhalt

Einführung   8

Kranichbalz und Hirschbrunft: **Duvenstedter Brook**   12

Wo die Spechte trommeln: **Wohldorfer Wald**   21

O schaurig ist's übers Moor zu gehn: **Wittmoor**   25

Blütenteppich unter alten Bäumen: **Rodenbeker Quellental**   29

Krattwald und Teufelskralle: **Hainesch/Iland**   32

Das Konzert der Moorfrösche: **Volksdorfer Teichwiesen**   35

Spuren der Eiszeit: **Stellmoorer Tunneltal**   39

Truppenübungsplatz wurde Naturschutzgebiet: **Höltigbaum**   42

Heimat von Roesels Beißschrecke: **Stapelfelder Moor**   46

Lebensraum Dünensand: **Boberger Niederung**   49

Im Elbe-Urstromtal: **Borghorster Elblandschaft**   54

Zwischen Gose- und Dove-Elbe: **Kiebitzbrack**   59

Geprägt von der Elbtide: **Zollenspieker**   63

Hamburgs größtes Naturschutzgebiet: **Kirchwerder Wiesen**   66

Eldorado für Wasservögel: **Die Reit**   71

Natur-Idylle am Autobahnkreuz: **Rhee**   77

Artenvielfalt im Elbschlick: **Heuckenlock und Schweenssand**   81

Besenheide auf Endmoränen: **Fischbeker Heide**   87

Brutgebiet des Wachtelkönigs: **Moorgürtel**   93

Von Prielen, Rinnen und Gräben durchzogen:

   Finkenwerder Süderelbe und Westerweiden   96

Rastplatz für Zugvögel: **Neßsand**   101

Geest und Marsch: **Wittenbergener Heide/Elbwiesen**   104

Hamburgs kleinstes Naturschutzgebiet: **Flottbektal**   109

Durch Moor, Heide und Bruchwald: **Schnaakenmoor**   112

Wo noch die Nachtigall schlägt: **Eppendorfer Moor**   117

Wandel durch Renaturierung: **Raakmoor**   121

Anhang

Lebensräume und Arten

   nach EG-Vogelschutzrichtlinie und FHH-Richtlinie   125

Adressen   127

Danksagung   128

Bildnachweis   128

Hamburgs grüne Schätze

1   Duvenstedter Brook
2   Wohldorfer Wald
3   Wittmoor
4   Rodenbeker Quellental
5   Hainesch / Iland
6   Volksdorfer Teichwiesen
7   Stellmoorer Tunneltal
8   Höltigbaum
9   Stapelfelder Moor
10   Boberger Niederung
11   Borghorster Elblandschaft
12   Kiebitzbrack
13   Zollenspieker
14   Kirchwerder Wiesen
15   Die Reit
16   Rhee
17 u. 18 Heuckenlock und Schweenssand
19   Fischbeker Heide
20   Moorgürtel
21 u. 22 Finkenwerder Süderelbe und Westerweiden
23   Neßsand
24   Wittenbergener Heide / Elbwiesen
25   Flottbektal
26   Schnaakenmoor
27   Eppendorfer Moor
28   Raakmoor

Einführung

Blühende Heide im Morgenlicht, das metallisch blitzende Blau eines Eisvogels, ein Waldboden voller Buschwindröschen, das Trompeten von Kranichen, Fledermäuse im lautlosen Flug, röhrende Hirsche in der Abenddämmerung – auch das ist Hamburg. Nicht weit entfernt vom Großstadtgetriebe lässt sich zu jeder Jahreszeit abwechslungsreiche Natur erleben. Es sind nicht nur die vielen Parks und Friedhöfe, die Gärten, das Straßengrün und die Grünzüge, die Hamburg zur „grünen Stadt" machen. Hinzu kommen die 28 in vieler Hinsicht wertvollen Naturschutzgebiete. Sie machen insgesamt gut sieben Prozent der Fläche des Stadtstaates aus. Damit steht Hamburg an der Spitze der Bundesländer.

Vielfalt Hamburger Naturschutzgebiete

Die Vielfalt der Lebensräume ist beeindruckend: Süßwasserwatt, Tide-Auwald, Bruchwald, Feuchtwiese, Moor, Heide, Teich, Bach, Laub-, Nadel- und Mischwald, Düne, Trockenrasen – um nur einige zu nennen. Zahlreiche, zum Teil seltene Tier- und Pflanzenarten sind dort zu Hause. So brütet der scheue Kranich im Duvenstedter Brook, in der Fischbeker Heide kommt noch der Ziegenmelker vor, eine Nachtschwalbenart, und im Naturschutzgebiet Die Reit ist im Frühjahr eine Massenwanderung von Erdkröten und anderen Amphibien zu beobachten. 14 Fischarten leben im Kiebitzbrack. Höltigbaum ist Lebensraum für mehr als 200 Schmetterlingsarten. In der Boberger Niederung wurden nicht weniger als 700 Pflanzen-

arten gezählt, darunter verschiedene Orchideen.

Eiszeitliche und nacheiszeitliche Kräfte sowie Eingriffe des Menschen haben dafür gesorgt, dass sich der Hamburger Raum durch abwechslungsreiche Landschaftsformen und entsprechend reiche Tier- und Pflanzenwelt auszeichnet. Beispiele: Das Stellmoorer Tunneltal entstand während der Weichsel-Eiszeit vor etwa 15 000 Jahren durch das unter dem Gletscher abfließende Schmelzwasser. Die Boberger Niederung ist Teil einer ausgedehnten Binnendünenlandschaft, die gegen und nach Ende der Weichsel-Eiszeit durch verwehte Schmelzwassersande aus dem Elbe-Urstromtal entstand. Die weiten Heideflächen in der Endmoränenlandschaft der Fischbeker Heide sind Menschenwerk. Die ursprüngliche Bewaldung wurde besonders im Mittelalter abgeholzt, um Brennmaterial für die Salzgewinnung in Lüneburg zu gewinnen. Erosion und damit einhergehende Auslaugung ließen den Boden verarmen, ideale Lebensbedingung für lichtliebendes Heidekraut.

Weitere Gründe für Hamburgs landschaftliche und biologische Vielfalt sind die Lage an der tidebeeinflussten Unterelbe, das Zusammentreffen von Marsch und Geest auf vergleichsweise engem Raum und der gemischte Einfluss sowohl maritimen als auch kontinentalen Klimas. In den Naturschutzgebieten, die an und in der Elbe liegen, wirken die Gezeiten. Die so entstandenen Süßwasserwatten, einzigartig in Europa, sind Lebensraum entsprechender Tier- und Pflanzenwelt, wie etwa in den Naturschutzgebieten Heuckenlock, Schweenssand und Neß-

Vorfahrt für die Natur

sand. Nur in den Süßwasserwatten der Elbe und sonst nirgends auf der Erde kommen die Wiebelschmiele und der Schierlings-Wasserfenchel vor. Besonders deutlich zeigt sich die Nachbarschaft von Marsch und Geest im Naturschutzgebiet Wittenbergener Heide/Elbwiesen, wo sie direkt aneinander stoßen: Die Elbwiesen sind Teil der feuchten Marschen im Urstromtal der Elbe, und die aus eiszeitlichen Ablagerungen bestehenden Elbhänge und die Binnendünen der Wittenbergener Heide gehören zur Geest. Vorwiegend fruchtbare Marschböden sind typisch beispielsweise für die Naturschutzgebiete Kirchwerder Wiesen, Finkenwerder Süderelbe und Westerweiden; ärmere Geestböden dagegen charakterisieren das Schnaakenmoor, die Fischbeker Heide und die Boberger Niederung. Die Lage im Übergangsbereich von maritimem und kontinentalem Klima und die damit verbundene hohe Artenzahl kennzeichnet das Naturschutzgebiet Borghorster Elblandschaft. Unter den dort gezählten 360 Gefäßpflanzenarten kommen auch Arten vor, die weiter südlich oder östlich der Elbe ihren Verbreitungsschwerpunkt haben.

Naturschutzbestimmungen

Freude an der Natur ist nichts Neues. Belege dafür ziehen sich seit der Antike durch die Literatur. Eingriffe in die Natur sind ebenfalls alt. Aber die Auswirkungen etwa von Landwirtschaft, Abholzungen sowie Bergbau und Erzverhüttung hielten sich über lange Zeiträume in Grenzen, weil die Erdbevölkerung – zu Beginn unserer Zeitrechnung schätzungsweise 300 Millionen – nur langsam wuchs und ihr technisches Potenzial noch nicht so weit entwickelt war. Wenn einmal der durch Zerstörungen bewirkte Verlust ins Bewusstsein geriet, dann ohne Folgen, weil die großenteils noch unentdeckte Welt riesig genug erschien, um Verluste nicht ins Gewicht fallen zu lassen. Nur ganz vereinzelt und lokal kam es zu Schutzbestimmungen: 1339 wurde im Kanton Zürich das Fangen von Singvögeln verboten, 1641 in der britischen Massachusetts-Bay-Kolonie die Tierquälerei.

Eine Wende trat erst um die Mitte des 18. Jahrhunderts, zur Zeit der so genannten Industriellen Revolution ein, als sich die Menschheit der ersten Milliarde näherte. Die Naturzerstörung wurde massiver und ließ Gedanken an Gegenmaßnahmen aufkommen, die sich allerdings erst im 19. Jahrhundert in Gesetzen oder Verordnungen niederschlugen. In England kam 1822 ein erstes Tierschutzgesetz durch, in Deutschland wurde 1836 der Drachenfels bei Königswinter im damals preußischen Rheinland als erstes deutsches Schutzgebiet ausgewiesen, die USA richteten 1872 den Yellowstone Park als ihren ersten Nationalpark ein.

Damals standen ethische Motive sowie der Gedanke der Erholung und Erbauung im Vordergrund. Inzwischen geht es vorwiegend um Artenschutz. Da der Raubbau an der Natur mittlerweile globale und bedrohliche Dimension erreicht hat, sollen internationale Abkommen gegensteuern. Das praktisch weltweit ratifizierte Washingtoner Artenschutzabkommen von 1973 (CITES – Convention on International Trade in Endangered Species of Wild Fauna and Flora) schützt besonders gefährdete Spezies: rund 8000 Tier- und 40 000 Pflanzenarten. Ein Ergebnis der Rio-Konferenz von 1992 war die ebenfalls weltweit gültige Artenschutz-Konvention zum Schutz der biologischen Vielfalt (Convention on Biological Diversity).

Wachtelweizen-Scheckenfalter

In Hamburg galt ab 1935 das Reichsnaturschutzgesetz, 1976 vom Bundesnaturschutzgesetz ersetzt. Hamburger Naturschutzgebiets-Verordnungen beruhten auf diesen Gesetzesgrundlagen, bis 1981 das Hamburgische Naturschutzgesetz erlassen wurde. Während das Gesetz von 1935, ähnlich wie die heutigen internationalen Regelungen, im Wesentlichen auf Artenschutz abzielte, bezog das Bundesgesetz von 1976 bereits den Gedanken des Biotopschutzes mit ein – 2001 von Hamburg in der Novelle seines Naturschutzgesetzes berücksichtigt.

Naturschutz ist auf verschiedenen Ebenen umgesetzt. Strenge Schutzbestimmungen gelten für die hier beschriebenen 28 Naturschutzgebiete sowie für den durch Hamburger Gesetz von 1990 eingerichteten Nationalpark Hamburgisches Wattenmeer westlich der Elbmündung. Weniger streng geschützt sind die Landschaftsschutzgebiete, die immerhin 22 Prozent des Hamburger Stadtgebiets ausmachen. Dort geht es um Bewahrung von Naturhaushalt, Landschaftsbild und Erholungswert; Artenschutz tritt hier zurück.

Am Beispiel des Hamburger Naturschutzgebiets Borghorster Elblandschaft, im Jahr 2000 unter Schutz gestellt, lässt sich zeigen, welche Kriterien bei der Unterschutzstellung im Spiel sind. In der betreffenden Verordnung werden acht Biotope mit ihren Besonderheiten aufgelistet, wie zum Beispiel „die nährstoffreichen Weiher und das Elb-Brack einschließlich ihrer Ufervegetation mit Schwimm- und Wasserpflanzen (Lebensraumtyp ‚Natürliche eutrophe Seen mit einer Vegetation des Magnopotamions oder Hydrocharitions nach Anhang I der Richtlinie 92/43/EWG)'." Der neunte Punkt nennt „weitere auf die in den Num-

Lungen-Enzian

mern 1 bis 8 genannten Lebensräume angewiesene Lebensgemeinschaften seltener und gefährdeter Tier- und Pflanzenarten, wie Flussneunauge, Meerneunauge, Rapfen, Steinbeißer, Schlammpeitzger und Finte (Arten nach Anhang II der Richtlinie 92/43/EWG) sowie Zwergrohrdommel, Weißstorch, Wachtelkönig, Wespenbussard, Rotmilan, Eisvogel, Schwarzspecht, Zauneidechse, Ringelnatter, Gestreifte Zartschrecke, Dünen-Ameisenjungfer, Gefleckte und Gewöhnliche Ameisenjungfer, Sand-Grasnelke, Heide-Nelke, Feld-Mannstreu, Schild-Ehrenpreis und Elbtal-Ehrenpreis." Zusammenfassende Beschreibung des Schutzzwecks: „Schutzzweck ist es, den repräsentativen Ausschnitt der ursprünglichen Naturlandschaft im Elbe-Urstromtal mit ihrer durch Auendynamik geprägten Geologie und Gestalt und den typischen, in sich geschlossenen Vegetationsabfolgen von Trockenstandorten bis hin zu Feuchtwiesen einschließlich des Elbufers sowie den darin beheimateten artenreichen Lebensgemeinschaften als Ganzes und als Lebensraum für gefährdete und vom Aussterben bedrohte Tier- und Pflanzenarten zu erhalten und zu entwickeln."

Für die Mehrzahl der Hamburger Naturschutzgebiete gelten auch EU-weite Bestimmungen: die 1979 in Kraft getretene Vogelschutzrichtlinie und die Flora-Fauna-Habitat-Richtlinie (FFH) von 1992. Die Vogelschutzrichtlinie zielt im Wesentlichen auf den Schutz aller wild lebenden Vogelarten ab, ausgenommen rund 80 als jagdbar deklarierte. Die FFH-Richtlinie geht viel weiter, indem sie über die Vögel hinaus auch gefährdete Pflanzen und weitere Tierarten, wie Steinbeißer, Kammmolch, Fischotter und die Fledermausart Großes Mausohr, in den Schutz einbezieht. Zudem strebt sie eine europaweite Vernetzung um ihrer selbst willen geschützter Lebensräume an. Das im Aufbau befindliche EU-weite Netz umfasst Schutzgebiete nach EG-Vogelschutz- und FFH-Richtlinie und läuft unter der Bezeichnung „Natura 2000". Wenig sinnvoll ist es nämlich, Gebiete isoliert unter Schutz zu stellen, denn manche Tierarten brauchen auf ihren vielfach weiten Wanderungen zwischen den Fortpflanzungs- und Überwinterungsgebieten ungestörte Rastmöglichkeiten. Der Beitrag des vergleichsweise kleinen Stadtstaats Hamburg ist bemerkenswert: Nach der FFH-Richtlinie sind hier – einschließlich des Nationalparks Hamburgisches Wattenmeer – 33 Lebensräume, etwa Süßwasserwatt und Tide-Auwald, sowie 20 Arten geschützt. (Der für Du-

venstedter Brook und Wohldorfer Wald aufgelistete Fischotter wurde allerdings vor vielen Jahren nur einmal gesichtet und seither nicht wieder.)

Perspektive des Buches

Das vorliegende Buch stellt alle Hamburger Naturschutzgebiete in Bild und Wort vor, beginnend mit dem Duvenstedter Brook als dem nördlichsten. Die Fotos machen die Vielfalt und den Reiz dieser empfindlichen, den naturfeindlichen Tendenzen eines Ballungsraums ausgesetzten Systeme sichtbar. Zusammen mit den Detail- und Hintergrundinformationen im Text mögen sie geeignet sein, den Blick und damit die Achtung für die Natur zu schärfen.

Eisvogel

Kranichbalz und Hirschbrunft:

Duvenstedter Brook

Unterschutzstellung

Hamburgische Verordnung vom 29.7.1958. Teils in Schleswig-Holstein gelegen. Seit 1982 Vogelschutzgebiet nach EG-Vogelschutzrichtlinie. Seit 1997 Schutzgebiet nach der Flora-Fauna-Habitat-Richtlinie der EG (FFH). Natura-2000-Gebiet.

Entstehung

Der im äußersten Nordosten Hamburgs gelegene Duvenstedter Brook liegt auf Ohlstedter und Wohldorfer Gebiet (780 Hektar); er erstreckt sich nach Schleswig-Holstein hinein (160 Hektar). Seine abwechslungsreiche Landschaft entstand nach der letzten Eiszeit, die vor etwa 15 000 Jahren zu Ende ging. Die abschmelzende Eisdecke, unter der Schmelzwasserseen entstanden waren, hinterließ zwei Teilbereiche: Im Nordwesten bildeten sich meterdicke nährstoffarme Sandböden über tonhaltigen Stauseeablagerungen. Im südöstlichen Teil überwiegen fruchtbare Lehmböden. Nach Versickern der Stauseen im aufgetauten Boden blieben seichte Weiher übrig. Diese verlandeten allmählich und ließen Moore und Sümpfe entstehen. Die allmähliche Erwärmung bot Zwerg-

oben: Brook

12

Auf dem Weg ins Naturschutzgebiet

Winterlandschaft

Tümpel mit Wasserfeder

rechte Seite: Alte Rotbuche

Gemeiner Wasserschlauch

strauchheiden, Birken-, Kiefern-, Erlenbruchwäldern und Eichenmischwäldern günstige Lebensbedingungen. Später kamen andere Baumarten wie Rotbuche, Hainbuche und Ahorne hinzu. Immer wieder veränderte der Mensch das Landschaftsbild. Im Mittelalter holzte er großflächig ab, um Bau- und Brennmaterial zu gewinnen. Als das Brennholz ausging, heizte er mit

Torf und zerstörte damit viele Moorflächen. Die Menschen trieben ihre Rinder und Schweine in die zur allgemeinen Beweidung freigegebenen Waldreste (Allmende), was zu Änderungen in der Pflanzenzusammensetzung führte. Das Weidevieh fraß mit Vorliebe die Triebe von Linde, Ulme und Ahorn. Es verschmähte stachlige oder ungenießbare Pflanzen wie Brombeere, Weißdorn, Ilex oder Holunder. Bis in das 19. Jahrhundert hinein wurde der westliche Teil als Allmende genutzt, sodass sich auf seinen nährstoffarmen Sandböden kein Wald mehr behaupten konnte. Hier dehnten sich Heideflächen aus. In den zwanziger Jahren des letzten Jahrhunderts wandelte man rund 230 Hektar Heide, Sumpf- und Moorflächen in landwirtschaftliche Nutzflächen um. In den siebziger Jahren begann die Wiederbelebung der ehemals sehr abwechs-

14

Rothirsch in der Brunft

rechte Seite: Der Wachtelweizen-Scheckenfalter liebt Waldlich-tungen und feuchte Wiesen

lungsreichen Landschaft. Durch Rückstaumaßnahmen, Zuschütten von Entwässerungsgräben und Renaturierung von Bachläufen gelang es, sie weitgehend einem ursprünglichen Zustand anzunähern. Moose wuchsen wieder, Bruchwald nahm zu und neue Feuchtwiesen entstanden. Einzelne im Moorwasser stehende tote Birkenstämme verraten etwas über die jüngere Vergangenheit des Duvenstedter Brooks.

Biotope

Still- und Fließgewässer, Niedermoor, Übergangsmoor, Hochmoorreste, Feuchtheide, Trockenheide, Nass-

wiesen, Bruch- und Auwald, Laub-, Misch- und Nadelwald, landwirtschaftlich genutzte Flächen.

Flora und Fauna

Der Duvenstedter Brook mit seinen unterschiedlichen Biotoptypen ist Heimat für eine entsprechend vielfältige Tier- und Pflanzenwelt. Nicht weniger als rund 500 Pflanzenarten kommen hier vor. Neben den verbreiteten Buschwindröschen, Scharbockskraut und Sumpfdotterblume finden sich hier auch Seltenheiten wie die Orchideen Breitblättriges und Fleischfarbenes Knabenkraut sowie Grünliche Wald-

Seit 1981 brütet der Kranich im Duvenstedter Brook

Graureiher-Spur auf beschneitem Eis

hyazinthe. Die Insektenwelt ist u. a. durch 32 Libellenarten (z. B. Torfmosaikjungfer, Große Moosjungfer, Glänzende Smaragdlibelle, Plattbauch) und 33 Tagfalterarten (z. B. Aurorafalter, Brombeerzipfelfalter, Kleiner Feuerfalter, Wachtelweizen-Scheckenfalter) vertreten. Die Feuchtgebiete sind Lebensraum für zehn Amphibienarten (z. B. Erdkröte, Wasserfrosch, Laubfrosch, Kammmolch, Teichmolch). Zu den im Naturschutzgebiet vorkommenden sieben Reptilienarten gehören

Ein Kragen für den Baumstumpf: Grünblättriger Schwefelkopf

Winterproviant für Vögel: Hagebutten

Ein Meister der Tarnung: Spanner

u. a. Kreuzotter, Ringelnatter, Blindschleiche und Waldeidechse. Die Vögel sind mit mehr als 170 beobachteten Arten ausgesprochen gut vertreten. Der Duvenstedter Brook ist im Hamburger Raum das einzige Kranich-Brutgebiet. Seit der ersten Brut im Jahre 1981 brüten dort inzwischen bis zu zehn Kranichpaare. Des Weiteren sind u. a. Baumfalke, Neuntöter, Wespenbussard, Pirol und Waldschnepfe zu nennen. Von den 38 Säugetierarten sind vielleicht die Rothirsche mit ihrer spektakulären Brunft am auffallendsten. Eher verborgen halten sich z. B. Dachs, Iltis, Mauswiesel und Wasserfledermaus.

Hinweise

Zuständig für den Duvenstedter Brook ist die Behörde für Umwelt und Gesundheit (Umwelttelefon 34 35 36). Sie hat auch eine gute Gebietskarte herausgegeben. Die Betreuung unterliegt

Von April bis Juni blüht die Große Sternmiere

*Am Wegrand:
Gefleckte Taubnessel*

u. a. dem NABU (Telefon 69 70 89-0). Er bietet im Frühjahr auch vogelkundliche Führungen an. Näheres zur Brook-Landschaft ist im Naturschutz-Informationshaus des NABU am Duvenstedter Triftweg 140 zu erfahren (Telefon 607 24 66): im Februar, März, November am Samstag von 12 bis 16 Uhr und an Sonn- und Feiertagen von 10 bis 16 Uhr geöffnet, von April bis Oktober von Dienstag bis Freitag 14 bis 17 Uhr, am Samstag 12 bis 18 Uhr, an Sonn- und Feiertagen 10 bis 18 Uhr geöffnet. Die Mitarbeiter des Info-Hauses bieten auch Führungen und weitere naturkundliche Veranstaltungen an. Hunde sind im Brook nicht zugelassen. Gerade auch im Herbst lohnt sich ein Besuch im Naturschutzgebiet. Von Anfang September bis Mitte Oktober lassen sich von gut getarnten Plätzen aus die Rothirsche bei ihrer eindrucksvollen Brunft

beobachten. In dieser Zeit sind einige Wege gesperrt, damit das Wild nicht gestört wird.

Verkehrsanbindung

S-Bahn (S1, S11) bis Poppenbüttel, von dort mit dem Bus 276 bis zum Duvenstedter Triftweg, dann noch zwanzig Minuten Fußweg bis zum Haupteingang.

U-Bahn (U1) bis Ohlstedt, von dort dreißig Minuten Fußweg durch den Wohldorfer Wald bis zum Haupteingang oder zum Eingang am Brügkamp.

Parkplätze am Duvenstedter Triftweg beim Naturschutz-Informationshaus und am Weg Ole Boomgaarden beim Waldfriedhof Wohldorf.

Wo die Spechte trommeln:

Wohldorfer Wald

Unterschutzstellung

Hamburgische Verordnung vom 9.12.1980. Seit 1982 Vogelschutzgebiet nach EG-Vogelschutzrichtlinie. Seit 1997 Schutzgebiet nach der Flora-Fauna-Habitat-Richtlinie der EG (FFH). Natura-2000-Gebiet.

Entstehung

Der im Nordosten Hamburgs, südlich des Duvenstedter Brooks gelegene 136 Hektar große Wohldorfer Wald gehört den Gemarkungen Wohldorf und Ohlstedt an. Die hügelige Land-schaft mit ihren Bächen und feuchten Senken entstand vor rund 18 000 Jahren während der Weichsel-Eiszeit. Die Gletscher türmten an ihren Rändern herantransportierte Gesteinsmassen zu Hügeln, den Endmoränen, auf. Einige der in den Moränen eingeschlossenen Eisblöcke blieben auch nach dem Abtauen der Gletscher noch längere Zeit erhalten. Die über den sehr langsam abschmelzenden Eisblöcken liegenden Böden sackten allmählich ab, und es bildeten sich abflusslose Senken. Da die ehemals aufliegenden Eismassen das Moränenmaterial sehr stark verdichtet hatten, konnte das Niederschlagswasser nur oberflächlich

oben: Rotbuchenstämme und erste Blüten

Totholz mit Baumpilzen am Wald-
tümpel

Der Grünspecht schätzt Ameisen
als Nahrung

abfließen. So entstanden die vielen
kleinen Bäche im Wohldorfer Wald.

Biotope

Still- und Fließgewässer, Bruchwald,
Auwald, Laubwald, Mischwald, Nadelwald, Waldwiesen.

Flora und Fauna

Größtes zusammenhängendes Laub-
waldgebiet in Hamburg. Manche Buchen und Eichen sind über 200 Jahre
alt. Entlang der Ammersbek entwickelt
sich Auwald. In feuchten Senken
wachsen Erlen- und Weidenbruchwäl-
der. Dort kommen auch verschiedene
Seggen- und Röhrichtarten vor. Abge-
storbene Bäume werden nicht ent-

fernt, denn das Totholz bildet die Lebensgrundlage für Pilze, Insekten und andere Waldbewohner. Frühlingsblüher wie Buschwindröschen und Scharbockskraut lassen sich im Wohldorfer Wald ebenso bestaunen wie manche auf Waldwiesen wachsende einheimische Orchideen. Fünf Spechtarten sind zu beobachten: Bunt-, Mittel-, und Kleinspecht, Grünspecht und Schwarzspecht. In ihren verlassenen Höhlen wohnen später auch Hohltauben, Fledermäuse oder Hornissen. Wer Glück hat, kann einen Uhu hören oder den farbenprächtigen Eisvogel sehen.

Feld-Ahorn im Herbst

Hinweise

Zuständig ist die Behörde für Umwelt und Gesundheit (Umwelttelefon 34 35 36). Sie hat auch eine gute Ge-

Leicht mit dem Buntspecht zu verwechseln: Mittelspecht

Typischer Frühblüher: Scharbockskraut

bietskarte herausgegeben. Betreuender Verband ist die Schutzgemeinschaft Deutscher Wald (Telefon 53 05 56-0). Näheres zum Wohldorfer Wald ist auch im Naturschutz-Informationshaus des NABU am Duvenstedter Triftweg 140 zu erfahren (s. Duvenstedter Brook). Der NABU bietet im Frühjahr auch vogelkundliche Führungen an. Ein Bodenlehrpfad im Südwesten, zu erreichen über Bredenbekstraße/Mühlenredder, gibt interessante Einblicke in die Entstehung dieser Landschaft.

Verkehrsanbindung

U-Bahn (U1) bis Ohlstedt. Über die Alte Dorfstraße und den Melhopweg gelangt man in einigen Minuten in das Naturschutzgebiet.

Parkplätze am U-Bahnhof Ohlstedt, im Mühlenredder beim Mühlenteich und am Weg Ole Boomgaarden beim Waldfriedhof Wohldorf.

O schaurig ist's übers Moor zu gehn:

Wittmoor

Unterschutzstellung

Hamburgische Verordnung vom 21.2.1978. Teils in Schleswig-Holstein gelegen.

Entstehung

Der Hamburger Teil des insgesamt 220 Hektar großen Naturschutzgebiets Wittmoor befindet sich in den Gemarkungen Duvenstedt und Lemsahl-Mellingstedt. Er liegt im Nordosten der Hansestadt und ist mit seinen 72 Hektar wesentlich kleiner als der in Schleswig-Holstein gelegene Teil. Die Entstehung des Wittmoores setzte in einer von einer Gletscherzunge der Weichsel-Eiszeit modellierten feuchten Senke ein. Nach dem Abschmelzen entstand allmählich ein Niedermoor, das sich zu einem Übergangsmoor und schließlich zu einem Hochmoor weiterentwickelte. Zu Beginn des letzten Jahrhunderts betrug die Dicke der Torfschichten noch drei bis fünf Meter. Doch schon sechzig Jahre später war vom uhrglasförmig gewölbten Torfkörper nur noch wenig übrig. Besonders der Hamburger Teil des Wittmoores litt unter Trockenlegung und Torfabbau. Statt Torfmoos, Glockenheide und Wollgras eroberten Birken und Pfeifengras die

oben: Moorweg mit Stolperfallen

Moorsee mit abgestorbenen
Birken

Rundblättriger Sonnentau, bereit
zum Insektenfang

ehemaligen Moorflächen. Folge der Trockenheit waren auch mehrere Moorbrände. Sie fügten Tier- und Pflanzenwelt erheblichen Schaden zu. Seit 1978 wird das Wittmoor renaturiert. So hat man beispielsweise Entwässerungsgräben wieder zugeschüttet. Im abgetorften Mittelteil des Moores entstanden zwei Hochmoorseen. Die Birken starben ab und eine neue Moorentwicklung begann.

Biotope

Still- und Fließgewässer, Übergangsmoor, Hochmoor, Moorwiesen, Feuchtwiesen, Birkenwald mit Pfeifengras, Bruchwald, Laubwald, Heide, Magerrasen.

Bretter schützen vor dem Einsinken

Hauhechel-Bläuling: Nur das Männchen ist strahlend blau

Eichelhäher-Feder: Zierde für den Wanderhut

Mittlerer Sonnentau. Weitere Pflanzen: Gagelstrauch (s. Moorgürtel), Blaubeere, Sumpfblutauge, Sumpfcalla, Fieberklee, Weißes Schnabelried. Die baumfreien Moorflächen heizen sich bei Sonneneinstrahlung schnell auf. Deshalb fallen unter den Insekten besonders die Wärme liebenden Libellen und Schmetterlinge auf: Moosjungfern, Schwarze und Rote Heidelibelle, Bläulinge und Perlmutterfalter. Weitere Tiere sind Amphibien (Gras- und Moorfrosch, Erdkröte), Reptilien (Bergeidechse und Ringelnatter) und Vögel (Stockente, Krickente, Fitis, Baumpieper, Goldammer).

Hinweise

Zuständig für das Wittmoor ist das Bezirksamt Wandsbek (Telefon 428 81-0). Die Betreuung des Gebiets haben die Gesellschaft für ökologische Planung (GÖP, Telefon 73 93 12 67) und der NABU (Telefon 69 70 89-0) übernommen. Er bietet im Frühjahr auch vogelkundliche Führungen an. Die Behörde für Umwelt und Gesundheit hat eine gute Gebietskarte herausgegeben (Umwelttelefon 34 35 36).

Flora und Fauna

Stickstoffmangel und saurer Boden lassen im Moor neben Torfmoosen nur Pflanzen gedeihen, die gut an die extremen Lebensbedingungen angepasst sind: Verschiedene Heidekrautarten (Glockenheide, Besenheide, Rosmarinheide, Moosbeere) und zwei Wollgrasarten (Schmalblättriges Wollgras, Scheidiges Wollgras). Der Sonnentau, eine Fleisch fressende Pflanze, deckt seinen Stickstoffbedarf durch Fang verschiedener Insekten. Zwei Arten wachsen hier: Rundblättriger und

Verkehrsanbindung

Buslinien 276 und 376 bis Fiersbarg. Von dort noch rund zwei Kilometer Fußweg bis zum Eingang. Hier besteht auch Parkmöglichkeit.

Blütenteppich unter alten Bäumen:

Rodenbeker Quellental

Unterschutzstellung

Hamburgische Verordnung vom 25.1.1977.

Entstehung

Das 47 Hektar große Rodenbeker Quellental liegt im Nordosten Hamburgs, und zwar in der Gemarkung Ohlstedt. Die sanft hügelige Landschaft mit ihren verschiedenen Fließ- und Stillgewässern ist im Verlaufe der Weichsel-Eiszeit entstanden. Die Wassermassen abschmelzender Gletscher frästen das Stromtal der Alster in den Boden und flossen zur Elbe hin ab. Auch die im Wesentlichen in ostwestlicher Richtung verlaufenden Bäche Bredenbek, Lottbek und Rodenbek sowie weitere kleine Bäche sind das Ergebnis der formenden Kräfte von Schmelzwassern des abschmelzenden „Bredenbek-Gletschers". Die Böden des Rodenbeker Quellentales bestehen zum Teil aus Grundmoränenmaterial.

Biotope

Quellen, Still- und Fließgewässer, Röhricht, Feuchtwiesen, Auwald, Bruchwald, Laubwald.

oben: Busch-Windröschen im Laubwald

Flora und Fauna

Landschaftsprägend sind verschiedenartige Waldtypen. Den größten Teil nehmen Laubmischwälder ein, bestehend aus Buchen, Stiel- und Traubeneichen, Hänge- und Moorbirken. Daneben gibt es reine Buchenwälder sowie Eichen-Hainbuchen-Wälder, häufig mit einem Unterwuchs von Jungahorn und Vogelkirsche. Die Bäume der am Alsterwanderweg gelegenen Buchenbestände sind teilweise fast 300 Jahre alt und machen den Eindruck weiter, hoher Hallen. Am feuchten Ufer der Alster wachsen Erlen-Eschen-Auwälder. Besonders an der Bredenbek hat der häufige Wechsel des Wasserstandes dazu geführt, dass der obere Teil der Wurzeln einiger am Ufer wachsender Erlen freigespült wurde. So erinnern sie an die Stelzwurzeln tropischer Mangroven. Wo am Alstertalhang eisenhaltiges Quellwasser austritt, wachsen Milzkraut, Sanikel und Nesselblättrige Glockenblume. Botanische Kostbarkeiten sind das Gelbe Buschwindröschen, die Hohe Schlüsselblume und die Wasserfeder. In den Teichen leben seltene Fische wie Bitterling (s. Kirchwerder Wiesen) und Schlammpeitzger. Dort lassen sich auch Moorfrösche und Teichmolche beobachten. Rund 38 Vogelarten brüten im Rodenbeker Quellental, darunter: Rohrsänger, Zwergtaucher, Wasseramsel und Eisvogel. Eine Seltenheit ist die Wasserfledermaus, die über und auf Wasseroberflächen nach Insekten jagt.

Hinweise

Zuständig für das Rodenbeker Quellental ist das Bezirksamt Wandsbek (Telefon 428 81-0). Die Betreuung des Gebiets haben die Gesellschaft für ökologische Planung (GÖP, Telefon 73 93 12 67) und der NABU (Telefon 69 70 89-0) übernommen. Die Behörde für Umwelt und Gesundheit hat eine gute Gebietskarte herausgegeben (Umwelttelefon 34 35 36).

Verkehrsanbindung

U-Bahn (U1) bis Ohlstedt. Über die Bredenbekstraße und den Haselknick gelangt man in das Naturschutzgebiet. Ab U-Bahnhof Hoisbüttel (U1) mit der Buslinie 376 bis Sarenweg.

Parkmöglichkeit Ecke Rodenbeker Straße/Iloh am Rodenbeker Teich.

Der Eisvogel hält nach Fischen und Insekten Ausschau

linke Seite: Freude für Frühaufsteher: Sonnenaufgang

unten links: Busch-Windröschen (rötliche Variante)

Pfaffenhütchen, bei Ornithologen als "Rotkehlchenbrot" bekannt

Krattwald und Teufelskralle:

Hainesch / Iland

Unterschutzstellung

Hamburgische Verordnung vom 7.1.1975. Seit 1982 Vogelschutzgebiet nach EG-Vogelschutzrichtlinie. Natura-2000-Gebiet.

Entstehung

Das Gebiet Hainesch/Iland liegt im Nordosten Hamburgs in den Gemarkungen Bergstedt und Sasel. Es ist 74 Hektar groß. In der Weichsel-Eiszeit war es von mächtigen Gletschern überlagert. Die Schmelzwasser form-

ten u. a. den Lauf der Saselbek, eines Nebenflusses der Alster. Zeugen der Eiszeit sind Moränen sowie Sölle und Kolke, d. h. durch Gletscherwasserstrudel entstandene bzw. durch Gletscher ausgehobelte Bodenvertiefungen. Hainesch/Iland ist auch eine naturnahe bäuerliche Kulturlandschaft, deren Ursprünge bis in die Bronzezeit (etwa 3000 v. Chr.) zurückgehen. Noch heute lassen sich bronzezeitliche Hügelgräber im Südteil des Naturschutzgebiets besichtigen. Zur Gewinnung von Bau- und Brennholz rodeten die Bauern im Mittelalter größere Flächen, auf denen sie dann später Landwirt-

oben: Hochfläche des Hainesch

schaft betrieben. Die Flurbezeichnung „Hainesch" weist darauf hin, denn das alte Wort Esch bedeutet Saatfeld.

Biotope

Quellen, natürliche Bachläufe, Teiche, Röhricht, Sumpfwiesen, Laub-, Nadel-, Misch- und Auwald, Krattwald, Hecken, Knicks, Äcker, Weiden, Wiesen.

Flora und Fauna

Auf den Hochflächen des Hainesch sowie des Kurzen und Langen Iland blühen im Frühling die Weiden und im Sommer viele Wiesenblumen. Alte, einzeln stehende Eichen und Buchen sind Zeugen der ehemaligen Bewaldung. Im Kremerschen Holz nördlich der Müssenkoppel ist Krattwald zu sehen. Er geht auf eine längst außer Gebrauch gekommene Form der Waldwirtschaft zurück, bei der die Bäume zwecks Gewinnung von Brennholz und Gerberlohe in Abständen von zwanzig bis dreißig Jahren immer wieder „auf den Stock gesetzt", d. h. dicht über dem Boden abgehackt oder abgesägt wurden. Die Stümpfe trieben dann neu aus, sodass sich der Wald regelmäßig regenerierte. Das ergab bizarr vielstämmige Baumgestalten. Auf den Steilhängen hinab zur Saselbek und Furtbek wächst Laubmischwald. Hier finden auch seltene Pflanzen wie Mittlerer Lerchensporn und ährige Teufelskralle günstige Lebensbedingungen. Im Talgrund, im Uferbereich der Bäche, blüht im Frühjahr das Bitte-

Selbst Brombeerpflücken ist im Naturschutzgebiet nicht erlaubt

Tal der Furtbek

33

Moorfrosch-Männchen: Die Blau-
färbung signalisiert Balzstimmung

re Schaumkraut. Das Überschwemmungsgebiet der Saselbek ist Heimat von Grasfrosch, Moorfrosch und Teichmolch. Rund 130 Vogelarten konnten bis heute beobachtet werden. Beispiele: Zwergtaucher, Reiherente, Wasserralle, Gebirgsstelze, Waldkauz, Mittel- und Grünspecht. Wie im Rodenbeker Quellental hat auch hier der Eisvogel einen ihm gemäßen Lebensraum gefunden.

Hinweise

Zuständig für Hainesch/Iland ist das Bezirksamt Wandsbek (Telefon 428 81-0). Die Betreuung des Gebiets haben der NABU (Telefon 69 70 89-0) und der Landesjagdverband (Telefon 44 77 12) übernommen. Der NABU bietet im Frühjahr auch vogelkundliche Führungen an. Die Behörde für Umwelt und Gesundheit hat eine gute Gebietskarte herausgegeben (Umwelttelefon 34 35 36). Sehenswert sind die bronzezeitlichen Hügelgräber im südlichen Teil.

Verkehrsanbindung

Buslinie 175 bis Iland und Buslinie 276 bis Mellingburgredder.
Parkplätze entlang der Straße Alte Mühle.

Das Konzert der Moorfrösche:

Volksdorfer Teichwiesen

Unterschutzstellung

Hamburgische Verordnung vom 6.7.1993.

Entstehung

Die 39 Hektar großen Volksdorfer Teichwiesen liegen im Nordosten Hamburgs, in der Gemarkung Volksdorf. Es handelt sich um ein während der Weichsel-Eiszeit entstandenes Tunneltal, das sich von Ost nach West erstreckt. Im Gegensatz zum Stellmoorer Tunneltal ist es sehr kurz (etwas über 1 km). Vor rund 15 000 Jahren wurde das Gebiet von einer aus östlicher Richtung vorgedrungenen Gletscherzunge bedeckt. Das an der Gletscheroberfläche entstehende Schmelzwasser floss durch Spalten ab, sammelte sich unter dem Eis und formte einen Tunnel, indem es nach Westen abfloss. Da es unter Druck stand, schnitt sich das Wasser allmählich über zehn Meter tief in den Boden. Die Talsohle füllte sich später mit über sechs Meter mächtigen Torf- und Muddeschichten. Im Mittelalter war das Gelände ein großer Mühlenteich. Seit dessen Trockenlegung Ende des 19. Jahrhunderts betrieb der Mensch Landwirtschaft im feuchten Grünland der Teichwiesen. Um diese

oben: Teich mit Rispen-Seggen

35

Wiesen mit Flatter-Binsen und Schottischen Hochlandrindern

Das Gefleckte Knabenkraut gehört zu den einheimischen Orchideen

Kulturlandschaft mit ihren Tier- und Pflanzenarten zu erhalten, sind besondere Pflegemaßnahmen nötig. So halten Schottische Hochlandrinder den Bewuchs kurz, damit er biotoptypische Pflanzen wie Seggen oder Sumpfveilchen nicht überwuchert.

Biotope

Bäche, Moorteiche, Frisch-, Feucht-, Nasswiesen, Weiden, Bruchwald, Mischwald.

Flora und Fauna

Die Pflanzen- und Tierwelt ist, bedingt durch die enge Verzahnung unterschiedlicher Feuchtbiotope, sehr abwechslungsreich. 285 Pflanzenarten wurden nachgewiesen. Das Breitblätt-

rige und das Gefleckte Knabenkraut wachsen hier ebenso wie die botanische Seltenheit Wiesenraute. Zahlreiche Insektenarten leben in den Volksdorfer Teichwiesen, darunter Raritäten wie der Trauermantel sowie die beiden Heuschreckenarten Sumpfschrecke und Säbel-Dornschrecke. Moorfrösche

veranstalten im Frühling ihr Konzert. Von 39 Vogelarten liegen bisher Brutnachweise vor. Beispiele: Kiebitz, Bekassine, Haubentaucher und der sehr seltene Schlagschwirl. Nachts gehen Fledermäuse wie etwa die Breitflügelfledermaus, die Wasserfledermaus oder der Große Abendsegler auf Jagd.

Schilfrohr und Zottiges Weidenröschen

Wasserfledermaus am Eingang
ihrer Baumhöhle

Hinweise

Zuständig ist das Bezirksamt Wandsbek (Telefon 428 81-0). Die Betreuung haben der BUND (Telefon 60 03 86-0), der Botanische Verein zu Hamburg (Telefon 601 60 53) sowie die Stiftung Naturschutz Hamburg und die Stiftung zum Schutze gefährdeter Pflanzen (Telefon 24 34 43) übernommen. Der NABU bietet im Frühjahr vogelkundliche Führungen an (Telefon 69 70 89-0). Ein rund drei Kilometer langer Rundweg erschließt das Naturschutzgebiet. Beobachtungsplätze bieten guten Überblick. Schautafeln enthalten interessante Informationen.

Verkehrsanbindung

U-Bahn (U1) bis Volksdorf, die Straße Halenreie überqueren, und schon ist man im Naturschutzgebiet.

An der Straße Halenreie, direkt am Eingang zum Naturschutzgebiet, ist auch ein größerer Parkplatz.

Spuren der Eiszeit:

Stellmoorer Tunneltal

Unterschutzstellung

Hamburgische Verordnung vom 28.3.1978.

Entstehung

Das 202 Hektar große Stellmoorer Tunneltal liegt im Nordosten Hamburgs in der Gemarkung Meiendorf. Es stößt unmittelbar an die Westgrenze des Naturschutzgebiets Höltigbaum. Mit dem Ahrensburger Tunneltal und Höltigbaum bildet es eine teils auf Hamburger, teils auf Schleswig-Holsteiner Gebiet liegende weiträumige Einheit. Das Stellmoorer Tunneltal ist während der Weichsel-Eiszeit, vor etwa 15 000 Jahren, entstanden. Als das Eis schmolz, modellierte das Wasser unter dem Gletscher große Tunnel, durch die es abfließen konnte. Eine geologische Besonderheit sind die so genannten Wallberge: schmale, wallartige Erhebungen aus Sand und Kies, die im Laufe der Zeit von Schmelzwassern längs größerer Spalten am Grunde des Gletschers aufgebaut worden sind. Zahlreiche Grabungen im Ahrensburger und Stellmoorer Tunneltal förderten Artefakte der jungsteinzeitlichen „Ahrensburger Kultur" (9500 bis 8500 v. Chr.) zu Tage.

oben:
Frühnebelrest über Feuchtwiese

39

Eichen-Krattwald im Frühjahr

Eine Königslibelle rastet zwischen
ihren Beuteflügen

Biotope

Still- und Fließgewässer, Röhricht, Nasswiesen, Seggenrieder, Bruchwald, Auwald, Laub- und Mischwald, Eichen-Krattwald, Magerrasen, Grünland, Staudenfluren.

Flora und Fauna

Die Tier- und Pflanzenwelt ist ähnlich wie in Höltigbaum, denn viele Biotope gleichen einander. Im Eichen-Krattwald (s. Hainesch-Iland) des Stellmoorer Tunneltals entwickelten sich die Eichen nicht zu großen Bäumen mit ausladenden Kronen, und so konnten sich dort selten vorkommende Wildapfelbäume ansiedeln. Entwässerungsmaßnahmen und Begradigung von Wandse und Stellmoorer Quellfluss in den 1930er Jahren sollten neue Flächen für die Landwirtschaft schaffen. Dadurch verschwanden viele Tier- und Pflanzenarten. Erst nach erfolgten Renaturierungsmaßnahmen in den 1980er Jahren fanden an Feuchtigkeit angepasste

Pflanzen und Tiere wie etwa Moose, Farne und Amphibien (z. B. Moorfrosch und Kammmolch) neuen Lebensraum.

Hinweise

Zuständig ist die Behörde für Umwelt und Gesundheit (Umwelttelefon 34 35 36). Sie hat eine gute Gebietskarte herausgegeben. Betreuung durch den NABU (Telefon 69 70 89-0). Er bietet im Frühjahr auch vogelkundliche Führungen an. Das Schutzgebiet kann auch auf Reitwegen erkundet werden.

Verkehrsanbindung

S-Bahn (S4) bis Rahlstedt, von dort Buslinien: 24 bis Hellmesbergerweg.

Parkplatz am Haupteingang Eichberg (Squash-Centrum). Weitere Parkmöglichkeiten im Starckweg und im Dassauweg.

Die in Nordamerika beheimatete Späte Traubenkirsche (rechts) ist als Neophyt nicht gern gesehen, aber von manchen Tieren als Nahrung geschätzt (links)

Truppenübungsplatz wurde Naturschutzgebiet:

Höltigbaum

Unterschutzstellung

Hamburgische Verordnung vom 26.5.1998. Teils in Schleswig-Holstein gelegen.

Entstehung

Das 260 Hektar große Gebiet Höltigbaum liegt im Nordosten Hamburgs in den Gemarkungen Meiendorf und Oldenfelde. Mit dem Stellmoorer und dem Ahrensburger Tunneltal bildet es eine teils auf Hamburger, teils auf Schleswig-Holsteiner Gebiet liegende weiträumige Einheit. Die halboffene

oben: Magerwiese mit Weißdorn

Hügellandschaft mit überwiegend steppenartigem Charakter ist das Ergebnis einer langen Entwicklung. Sie begann vor etwa 200 000 Jahren, als die Gletscher der Saale-Eiszeit Grundmoränen und Schmelzwassersande hinterließen. Später, während der Weichsel-Eiszeit vor ungefähr 15 000 Jahren, formten die Eismassen einer riesigen Gletscherzunge einen Teil des Grundmoränenmaterials zu lang gestreckten Hügeln, den „Drumlins". Sie verlaufen in Richtung der Eisbewegung von Nordosten nach Südwesten. Als das Eis schmolz, schuf das Wasser unter dem Gletscher Tunnel, durch die es abfließen konnte. So entstand bei-

spielsweise das Wandse-Tunneltal. Die im 12. und 13. Jahrhundert einsetzende landwirtschaftliche Nutzung des Gebiets und die in der ersten Hälfte des 20. Jahrhunderts beginnende und mittlerweile wieder eingestellte Nutzung Höltigbaums als Truppenübungsgelände prägen das heutige Landschaftsbild. Um dieses zu erhalten, sind 220 Hektar des Areals im Rahmen des Erprobungs- und Entwicklungsvorhabens „Halboffene Weidelandschaft Höltigbaum" des Bundesamtes für Naturschutz und der Stiftung Naturschutz Schleswig-Holstein ganzjährig Schottischen Hochlandrindern und Heidschnucken vorbehalten. Diese genügsamen „Öko-Rasenmäher" sollen den immer wieder aufkommenden Bewuchs niedrig halten, damit die Landschaft nicht von Buschwerk oder Birkenwäldchen überwachsen wird. Die Einflüsse der Beweidung auf die Tier-

und Pflanzenwelt im Naturschutzgebiet werden wissenschaftlich untersucht.

oben: Admiral auf toter Erdkröte

unten: Frühblüher: Huflattich

43

Neuntöter mit seiner charakteristischen Banditenmaske

und Düngemitteln verschont. Die schweren Panzer übten Einfluss auf die Vegetation: Nach Niederwalzen der Pflanzendecke konnten sich anspruchslose Pionierpflanzen wie die Frühe Nelkenschmiele und der Sumpfquendel ansiedeln. 223 Pflanzenarten gedeihen in Höltigbaum. Darunter die feuchtigkeitsliebende Sumpfdotterblume und das Breitblättrige Knabenkraut, aber auch viele an Trockenheit angepasste Arten wie etwa Johanniskraut, Greiskraut und das seltene Tausendgüldenkraut. Mit 21 Tag- und 189 Nachtfalterarten sind die Schmetterlinge reich vertreten. Beispiele der hier lebenden über 30 Libellenarten: Kleine Pechlibelle, Große Königslibelle und Herbstmosaikjungfer. Von den Amphibien und Reptilien seien Moorfrosch, Kammmolch sowie Zauneidechse, Waldeidechse und Ringelnatter erwähnt. Insgesamt brüten 65 Vogelarten auf dem ehemaligen Truppenübungsplatz. Charaktervögel der halboffenen Landschaft sind Feldlerche, Goldammer, Neuntöter, Baumpieper und Dorngrasmücke. 13 Säugetierarten konnten nachgewiesen werden, darunter Seltenheiten wie Zwergspitzmaus, Iltis und Hermelin.

Biotope

Still- und Fließgewässer, Röhricht, Seggenrieder, Feuchtwiesen, Bruchwälder, Grasfluren, Magerrasen, Heide, Laub- und Mischwald, Knicks.

Flora und Fauna

Die militärische Nutzung des Geländes hatte auch positive Nebeneffekte: Innerhalb der Einzäunung gab es genug unberührte Stellen als Rückzugsgebiete für viele Tier- und Pflanzenarten. Hier waren sie nicht nur ungestört, sondern blieben auch von Pestiziden

Hinweise

Zuständig ist die Behörde für Umwelt und Gesundheit (Umwelttelefon 34 35 36). Sie hat auch eine gute Gebietskarte herausgegeben. Betreuende Vereine sind der NABU (Telefon 69 70 89-0), der Verein Jordsand (Telefon 04102-3 26 56) und die Schutzgemeinschaft Deutscher Wald (Telefon 53 05 56-0). Der NABU bietet im Frühjahr vogelkundliche Führungen an. Außerdem ist dort eine Broschüre über Höltigbaum erhältlich. Der NABU und der Verein Jordsand führen im Rahmen ihres Umweltbildungsprogramms Höltigbaum auch noch weitere interessante naturkundliche Veranstaltungen durch. Jedes Jahr im September stellen sich die betreuenden Naturschutzverbände am „Höltigbaumtag" mit einem bunten Programm für Jung und Alt vor. Ein Hundeauslaufgebiet in der Nähe des Haupteingangs „Eichberg" wurde eingerichtet, um die bewegungsfreudigen Vierbeiner von Ausflügen ins Schutzgebiet abzuhalten. Eine sich anschließende Freizeitfläche lädt zum Verweilen ein. Die alten betonierten Versorgungsstraßen sind ein Paradies für Radfahrer und Inline-Skater. Das Schutzgebiet kann auch auf Reitwegen erkundet werden.

Verkehrsanbindung

S-Bahn (S4) bis Rahlstedt, von dort Buslinien: 24 bis Hellmesbergerweg.

Parkplätze am Haupteingang Eichberg (Squash-Centrum) und entlang der Straße Eichberg. Weitere Parkplätze in der Sieker Landstraße (Altes Gutshaus Höltigbaum) und am Meiendorfer Amtsweg (Müllverbrennungsanlage Stapelfeld).

Das Jakobs-Greiskraut wächst oft an Wegrändern

Verunzierter Trockenrasen

45

Heimat von Roesels Beißschrecke:

Stapelfelder Moor

Unterschutzstellung

Hamburgische Verordnung vom 15.8.1978. Teils in Schleswig-Holstein gelegen.

Entstehung

Der Hamburger Teil des insgesamt 28 Hektar großen Stapelfelder Moores liegt im Nordosten Hamburgs in der Gemarkung Alt-Rahlstedt und ist mit seinen 12 Hektar etwas kleiner als der in Schleswig-Holstein gelegene, im Jahre 1995 unter Schutz gestellte Teil. Die Landesgrenze verläuft direkt durch

oben:
Zentrales Biotop: großer Weiher

den im Zentrum des Naturschutzgebiets gelegenen Weiher. Vor etwa 13 000 Jahren sammelte sich Schmelzwasser aus der letzten Eiszeit in einer flachen, abflusslosen Senke. Es entstand ein von Wald umgebenes Moor. Im Mittelalter wurden der Wald gerodet und große Teile des Moores trockengelegt. Noch heute wird das Stapelfelder Moor durch den Dypgraben entwässert – sehr zum Nachteil der feuchtigkeitsliebenden Tier- und Pflanzenarten. Auch wirkt sich der Nährstoffeintrag durch Düngung, der aus der intensiven landwirtschaftlichen Nutzung einiger benachbarter Äcker auf Schleswig-Holsteiner Gebiet resul-

Pflanzenvielfalt einer Feuchtwiese

tiert, negativ auf die an nährstoffarme Böden angepasste moortypische Tier- und Pflanzenwelt aus. Durch Aufstau des Dypgrabens soll eine weitere Austrocknung des Naturschutzgebiets verhindert werden. Durch naturnähere Bewirtschaftung und Klärung des nährstoffreichen Drainwassers versucht man, den Eintrag von Nährstoffen allmählich abzusenken.

ner Gebiet liegt noch ein Wiesentümpel, der aber im Sommer oft austrocknet. Als Folge von Nährstoffeintrag und

Roesels Beißschrecke, eine moortypische Insektenart, benannt nach dem Entomologen August Johann Rösel von Rosenhof (1705–1759)

Biotope

Weiher, Tümpel, Seggengürtel, Feuchtwiesen, Niedermoor, Feuchtheide, Weidendickicht, Bruchwald.

Flora und Fauna

Ufer und Verlandungszonen des zentral gelegenen Weihers sind dicht bewachsen. Erwähnenswert sind ein breiter Seggengürtel und Feuchtwiesen auf Hamburger Seite sowie dichtes Weidengebüsch, das in einen Erlen-Birken-Bruchwald übergeht, auf Schleswig-Holsteiner Seite. Ebenfalls auf Stormar-

Krickente: Die kleinste europäische Ente ist in Hamburg nicht häufig

Entwässerung sind kaum noch moortypische Pflanzen im Naturschutzgebiet vorhanden. Doch andere Pflanzen sind zahlreich vertreten. 194 Arten wurden vor einigen Jahren gezählt, darunter die seltenen Arten Sumpfblutauge und Wassernabel. In den Verlandungszonen wachsen Froschlöffel, Sumpfvergissmeinnicht und Wasserknöterich. An Seggen sind u. a. vertreten: Blasen-, Hirse- und Schnabelsegge, Schlanke und Steife Segge. Auch die meisten hier vorkommenden Tiere sind keine typischen Bewohner von Feuchtgebieten. Nur drei der hier beobachteten zehn Heuschreckenarten sind moortypisch: Kurzflügelige Beißschrecke, Kurzflügelige Schwertschrecke und Roesels Beißschrecke. Fünfzehn Libellenarten leben im Stapelfelder Moor. Keine von ihnen ist moortypisch. Große Königslibelle und Kleine Mosaikjungfer stehen auf der Roten Liste. 55 Vogelarten konnten nachgewiesen werden, darunter Krick- und Löffelente, Rohrweihe, Rotschenkel und Zwergtaucher.

Hinweise

Zuständig ist das Bezirksamt Wandsbek (Telefon 428 81-0). Die Betreuung hat der Botanische Verein zu Hamburg (Telefon 601 60 53) übernommen. Das Naturschutzgebiet ist nicht zugänglich. Doch lohnen sich Spaziergänge in der umliegenden Feldmark.

Verkehrsanbindung

Buslinie 35 bis Am Hegen oder Sorenkoppel.

Mit dem Auto im Müssenkamp oder im Schimmelreiterweg parken.

Lebensraum Dünensand:

Boberger Niederung

Unterschutzstellung

Hamburgische Verordnung vom 21.5.1991. Der zentrale Bereich mit der Boberger Düne und den Hangterrassen ist seit 1999 Schutzgebiet nach der Flora-Fauna-Habitat-Richtlinie der EG (FFH). Natura-2000-Gebiet.

Entstehung

Die Boberger Niederung ist 350 Hektar groß. Sie liegt im Südosten Hamburgs in den Gemarkungen Boberg, Lohbrügge und Billwerder. Gegen Ende der Weichsel-Eiszeit begann die Entste-hung einer ausgedehnten Binnendünenlandschaft mit bis zu 50 Meter hohen Dünen, gebildet durch verwehte Schmelzwassersande aus dem Elbe-Urstromtal. Die Kette dieser Dünen erstreckte sich am Nordufer der Elbe etwa 100 Kilometer mündungswärts hin. In abflusslosen Senken entstanden Moore, die vielfach im Laufe der Zeit abgetorft und entwässert wurden. Heute findet sich nur noch ein Rest der alten Wanderdünenlandschaft. Seit 1840 wurden die meisten der auf Hamburger Gebiet befindlichen Dünen abgetragen, denn für die Aufschüttung der Bahntrasse Hamburg-Bergedorf (1842 eröffnet) sowie dann später der

oben: Weg am Dünenrand

49

*Sandbiene: angepasst an
Trockenheit und starke Tempera-
turschwankungen*

Dünen mit Strandhaferbulten

Stadtteile Hammerbrook und Billbrook benötigte man Unmengen von Sand. Die große Boberger Düne wird auch heute noch um etwa 10 Zentimeter im Jahr von den vorherrschenden Südwestwinden nach Nordosten versetzt. Sie ist Teil der Boberger Niederung, eines Mosaiks unterschiedlichster Biotope mit artenreicher Tier- und Pflanzenwelt. Zu den laufenden Renaturierungs- und Pflegemaßnahmen gehören Beseitigung von Baumschösslingen und Neophyten (insbesondere Bärenklau und Japanischer Staudenknöterich) sowie Einzäunung empfindlicher Biotope.

Biotope

Still- und Fließgewässer, Röhricht, Niedermoor, Erlenbruchwald, Dünen, Heide, Magerrasen, Wiesen, Weiden, Brachen, Eichen-Birken-Wald.

Flora und Fauna

Nur spärlich ist der Dünensand von Birken, Heide, Sandsegge, Silbergras und Strandhafer bewachsen. Letzterer stammt von der Küste her; etwa vor 100 Jahren hat man begonnen, ihn hier anzupflanzen, weil seine Wurzeln den Sand besonders gut befestigen. Trotz des spärlichen Bewuchses ist hier eine Vielzahl von Insektenarten zu finden, die gut an die Trockenheit und die starken Temperaturunterschiede durch Aufheizung am Tage und Abkühlung in der Nacht angepasst sind. So leben hier Wärmeliebhaber wie Sandwespe, Wegwespe, Grabwespe, Sandbiene, Sandlaufkäfer und Ameisenlöwe. Im Magerrasen am Dünenrand kommen der Warzenbeißer und die Blauflügelige Ödlandschrecke vor, seltene Heuschreckenarten, die im Hamburger Gebiet sonst verschwunden sind. Auch die weiteren Teile der Boberger Niederung sind biologisch sehr interessant:

Blauflügelige Ödlandschrecke: Der Name weist auf die Anpassung an trockene Lebensräume

51

Insgesamt 700 Pflanzenarten wurden gezählt, darunter verschiedene Orchideen wie Fuchs'sches Knabenkraut und Echte Sumpfwurz. Libellen und Schmetterlinge sind artenreich vertreten: u. a. Torfmosaikjungfer und Große Moosjungfer bzw. Blutströpfchen, Hauhechelbläuling und Admiral. Moorfrosch, Grasfrosch und Erdkröte sind hier lebende Amphibien. Reptilien: Ringelnatter, Blindschleiche und Zauneidechse. Zu den hier brütenden über 50 Vogelarten gehören zum Beispiel Heidelerche, Braunkehlchen, Nachtigall und Bekassine, alle im Hamburger Raum eher selten.

Hinweise

Zuständig für die Boberger Niederung ist die Behörde für Umwelt und Ge-

sundheit (Umwelttelefon 34 35 36). Sie hat auch eine gute Gebietskarte herausgegeben. Die Betreuung des Naturschutzgebiets hat die Gesellschaft für ökologische Planung (GÖP, Telefon 73 93 12 67) übernommen. Genauere Auskünfte über das Naturschutzgebiet erhält man im Naturschutz-Informationshaus der Stiftung Naturschutz Hamburg und der Stiftung zum Schutz gefährdeter Pflanzen (Boberger Furt 50, Telefon 73 93 12 66), geöffnet mittwochs bis freitags von 9 bis 13 Uhr, samstags von 12 bis 17 Uhr, an Sonn- und Feiertagen von 11 bis 17 Uhr. Das Info-Haus bietet auch Führungen und weitere naturkundliche Veranstaltungen an. Im Frühjahr veranstaltet der NABU (Telefon 69 70 89-0) vogelkundliche Führungen. Die Boberger Niederung lässt sich gut auf vier Wanderwegen erkunden, die jeweils durch ver-

Trockenheide gehört hier zum Mosaik unterschiedlicher Biotope

Einheimische Orchidee:
Echte Sumpfwurz
links: Das Geräusch beim Balzflug
hat der Bekassine den Namen
Himmelsziege eingetragen

schiedene Biotope führen. Die Strecken sind mit unterschiedlichen Symbolen gekennzeichnet: Terrassenweg (Blume), Dünenweg (Schmetterling), Moorweg (Vogel) und Wiesenweg (Hase). Kleine Schautafeln an den Wegrändern enthalten interessante Informationen zu Pflanzen, Tieren und Biotopen. Badestelle am Nordufer des kleinen Baggersees im Westen des Naturschutzgebiets. Die anderen Uferzonen sind geschützt und dürfen nicht betreten werden. Für 30 Euro kann man in einem Segelflugzeug mitfliegen und die Boberger Niederung von oben betrachten. Anmeldung beim Hamburger Aero Club Boberg, Telefon 79 01 18 50.

Verkehrsanbindung

U-Bahn (U3) bis Mümmelmannsberg. Weiter mit der Buslinie 12 bis Schulredder. Von dort fünfzehn Minuten Fußweg über Schulredder und Boberger Furt zum Naturschutz-Informationshaus Boberger Furt 50.

S-Bahn (S2, S21) bis Mittlerer Landweg, von dort mit dem Bus 221 bis zum Boberger Furtweg (fährt an Werktagen stündlich, an Wochenenden nur alle zwei Stunden). Nach rund hundert Metern erreicht man das Informationshaus.

Größerer Parkplatz an der Boberger Furt, rund 150 Meter vom Informationshaus entfernt. Weitere Parkmöglichkeit in der Straße Weidemoor.

Im Elbe-Urstromtal:

Borghorster Elblandschaft

Unterschutzstellung

Hamburgische Verordnung vom 19.9.2000. Seit 1999 Schutzgebiet nach der Flora-Fauna-Habitat-Richtlinie der EG (FFH). Natura-2000-Gebiet.

Entstehung

Die Borghorster Elblandschaft im äußersten Südosten Hamburgs ist 225 Hektar groß und liegt in den Gemarkungen Altengamme und Neuengamme. Zum Naturschutzgebiet gehören die Altengammer Elbwiesen, das Borghorster Brack sowie die Borghorster

oben: Blick auf die Elbe

Elbwiesen und Dünen. Auf Schleswig-Holsteiner Seite schließt sich das seit 1993 unter Naturschutz stehende Gebiet Besenhorster Sandberge und Elbsandwiesen an. Die differenzierte Geologie und abwechslungsreiche Bodengestalt und die damit verbundene Vielfalt der Lebensräume der Borghorster Elblandschaft ist dem Einfluss der Elbe zu verdanken (Gezeitenwechsel, Hochwasser, Eisgang). Im Elbe-Urstromtal entstand nach der letzten Eiszeit eine in sich geschlossene Vegetationsstaffelung von den Feuchtwiesen der Uferbereiche bis zu den trockenen Binnendünen auf den Geesthängen. Die Dünen bildeten sich, als nacheis-

*Der Rotschenkel brütet in Elbnie-
derungen*

*Durch einen Deichbruch im Mittel-
alter entstand das Brack*

zeitliche Stürme große Sandmengen aus dem Urstromtal der Elbe verwehten. Das Borghorster Brack entstand durch einen Deichbruch im späten Mittelalter: Das mit Gewalt einströmende Elbwasser kolkte binnendeichs ein tiefes Gewässer aus. Seit Beginn der 1970er Jahre sorgen ein Leitdamm und ein Schleusenkanal im Bereich der Borghorster Elbwiesen dafür, dass die Elbe dieses Gebiet nicht mehr überfluten kann. Auch der Bau eines Straßendamms quer durch die empfindlichen Feuchtwiesen (Horster Damm) wirkte sich negativ aus. Es kam zu einer Verarmung und Zerstörung der tidebeeinflussten Lebensräume. Im Rahmen des seit 1992 von der EU durchgeführten LIFE-Projekts (The Financial Instrument for the Environment) soll nun Abhilfe geschaffen werden. Durch Öffnung des Leitdamms an zwei Stellen und Schaffung eines Durchlasses unter dem Straßendamm will man die Borghorster Elbwiesen erneut der Wirkung der Gezeiten und der Hochwässer öffnen und so die ursprünglichen Feuchtbiotope wiederherstellen.

Biotope

Priele, Rinnen, Gräben, Brack, Weiher, Süßwasserwatt, Tide-Röhricht, Hochstaudenfluren, Seggenrieder, Auenwiesen, Auengehölze, Auwälder, Glatthaferwiesen, Trockenheide, Sandtrockenrasen, Binnendünen, lichte Kiefern-, Birken- und Eichenbestände.

Die Borghorster Dünen sind ein wesentlicher Teil des Naturschutzgebiets

Flora und Fauna

Von den 360 Gefäßpflanzenarten des Naturschutzgebiets, darunter Sand-Grasnelke, Heide-Nelke und Schild-Ehrenpreis, sind 19 bundesweit vom Aussterben bedroht, wie etwa die Französische Segge. Ein Grund für den großen Artenreichtum in der Borghorster Elblandschaft liegt in der elbtypischen, in Hamburg nur noch hier vorkommenden Staffelung von feuchten bis zu trockenen Biotoptypen. Feuchtigkeitsliebende Pflanzen sind etwa Brenndolde, Wiesenknopf und verschiedene Seggen. Auf trockenen Standorten gedeihen u. a. Silbergras, Besenheide und Englischer Ginster. Ein weiterer Grund für die hohe Artenzahl ist die Lage des Naturschutzgebiets im Übergangsbereich von maritimem und kontinentalem Klima. Hier kommen auch Arten mit Verbreitungsschwerpunkt weiter südlich oder östlich der Elbe vor. So hat sich in den Borghorster Dünen der Feld-

Mannstreu angesiedelt, ein Anzeichen dafür, dass sich hier bereits ein Umschwung zu kontinentalem Klima vollzieht. In den Altengammer und Borghorster Elbwiesen leben viele Insektenarten. Beispiele: Großer Heufalter, Grüne Mosaikjungfer und Sumpfschrecke. An Amphibien kommen hier u. a. Grasfrosch, Moorfrosch und Erdkröte vor. Die Priele und Gräben sind Lebensraum der seltenen Fischarten Flussneunauge, Finte, Rapfen und Schlammpeitzger. Bedrohte Brutvogelarten in den Elbwiesen sind Kiebitz, Rotschenkel, Wiesenpieper und Schafstelze. Hier vertretene Säugetierarten sind Wasserspitzmaus und Zwergmaus. Auch in den Borghorster Dünen sind viele Insekten zu Hause. Hier leben etwa die Gestreifte Zartschrecke und alle drei in Deutschland vorkommenden Arten der Ameisenjungfer: Gefleckte, Gewöhnliche und Dünen-Ameisenjungfer. In den lichten Kiefern, Birken- und Eichenbeständen des Dü-

Der Rotmilan brütet in den benachbarten Besenhorster Sandbergen (Schleswig-Holstein)

Der Feld-Mannstreu erreicht hier die Westgrenze seines Verbreitungsgebiets

nengeländes brüten auch bedrohte Vogelarten. Beispiele: Baumfalke, Habicht, Roter Milan, Wespenbussard, Kolkrabe, Klein- und Schwarzspecht. Ein wichtiger Lebensraum für Vögel ist auch das Borghorster Brack. Brutnachweise gelangen u. a. von Beutelmeise und Rohrweihe. 1988 konnte hier sogar die sehr seltene Zwergdommel gehört werden. Seltene Fischarten im Borghorster Brack sind Steinbeißer und Schlammpeitzger.

Hinweise

Zuständig für die Borghorster Elblandschaft ist die Behörde für Umwelt und Gesundheit (Umwelttelefon 34 35 36). Die Betreuung haben übernommen: NABU (Telefon 69 70 89-0), BUND (Telefon 60 03 86-0), Gesellschaft für ökologische Planung (GÖP, Telefon 73 93 12 67) und der Botanische Verein zu Hamburg (Telefon 601 60 53).

Verkehrsanbindung

S-Bahn (S21) bis Bergedorf. Von dort mit dem Bus 228 bis Borghorst.
Parkmöglichkeiten in den Straßen Altengammer Hauptdeich, Am Kringel und Horster Damm.

Zwischen Gose- und Dove-Elbe:

Kiebitzbrack

Unterschutzstellung

Hamburgische Verordnung vom 26.3.1985. Seit 1998 Schutzgebiet nach der Flora-Fauna-Habitat-Richtlinie der EG (FFH). Natura-2000-Gebiet.

Entstehung

Das 35 Hektar große Naturschutzgebiet Kiebitzbrack liegt im Südosten Hamburgs in den Gemarkungen Neuengamme und Ost-Krauel. Als im Mittelalter die Besiedlung der Vier- und Marschlande begann, waren die Elbarme Gose- und Dove-Elbe, die dieses Gebiet durchflossen, noch den Gezeiten ausgesetzt. Daher kam es wiederholt zu Überschwemmungen. Im Zuge der Landgewinnung wurden Deiche gebaut, um das tief liegende Land zu schützen. Doch hielten sie nicht immer dem Druck der Wassermassen stand und brachen. Es entstanden Bracks (s. Borghorster Elblandschaft). In späterer Zeit verfüllte man einige der Bracks, um dort wieder Landwirtschaft betreiben zu können. Um die Gefahren von Sturmfluten zu bannen, dämmten die Marschbewohner in den Jahren 1314 bis 1344 die drei Arme der Gose-Elbe ab. 1471 verfuhr man in gleicher Weise mit der Dove-Elbe. Das Natur-

oben: Das Brack ist Lebensraum für viele Fischarten

Die Weiße Teichrose kommt hier in größeren Beständen vor

Hinterm Deich

schutzgebiet Kiebitzbrack besteht im Wesentlichen aus den drei Bracks Kiebitz-, Rund- und Langenbrack. Das Kiebitzbrack ist am größten. Es setzt sich aus einem mit zwei weiteren kleinen Bracks verbundenen Altarm der ehemaligen Gose-Elbe zusammen. Mit welcher Gewalt das Wasser damals bei Deichbrüchen einströmte, lässt sich noch heute an der Tiefe und Steilwandigkeit der Bracks ablesen: In Kiebitz- und Rundbrack beträgt die Wassertiefe an einigen Stellen bis zu acht Meter, im Langenbrack bis zu fünf Meter.

Biotope

Bracks, Röhricht, Erlen-Bruchwald, Grünland, Nadelwäldchen.

Flora und Fauna

Über 580 Pflanzenarten konnten nachgewiesen werden. In den Uferbereichen der Bracks typisch vorkommende Pflanzen sind Röhrichte und Großseggen. An verschiedenen Stellen werden sie von Gelber Schwertlilie, Schwanenblume und Sumpfcalla begleitet. Auf den Wasserflächen sind größere Bestände an Teich- und Seerosen zu bewundern. In den Erlenbruchwäldern gedeihen u. a. Bittersüßer Nachtschatten, Sumpfvergissmeinnicht und Weidenröschen. Eine Auswahl weiterer im Naturschutzgebiet Kiebitzbrack lebender Pflanzen: Kalmus, Flussampfer und Strauß-Gilbweiderich. Das Wasser in den Bracks ist Lebensraum verschiedener, zum Teil stark gefährdeter Fischarten. 1999 konnten im Kiebitzbrack 14 Arten nachgewiesen werden. Nach Häufigkeit geordnet waren dies: Rotfeder, Moderlieschen, Rotauge, Steinbeißer, Flussbarsch, Aal, Ukelei, Schleie, Brasse, Hecht, Karpfen, Güster, Quappe und Schlammpeitzger. Bemerkenswert ist das Vorkommen von Steinbeißer und Schlammpeitzger, beides vom Aussterben bedrohte Arten. Von den im Naturschutzgebiet lebenden Amphibien und Reptilien seien Moorfrosch, Ringelnatter und Waldeidechse genannt. Die Vogelwelt ist gut vertreten. 44 Brutvogelarten sind in diesem Gebiet zu Hause. Beispiele: Haubentaucher, Wasserralle, Pirol, Nachtigall und Teichrohrsänger. Hin und wieder werden Große Rohrdommel, Seeadler und Birkenzeisig gesichtet. Es liegen aber bisher keine Brutnachweise vor.

Stockenten, unterwegs zwischen Gelben Teichrosen

*Die aromatisch duftende Wasser-
Minze braucht feuchte Standorte*

Hinweise

Zuständig ist das Bezirksamt Bergedorf
(Telefon 428 91-0). Das Naturschutzgebiet wird vom NABU (Telefon
69 70 89-0) betreut.

Verkehrsanbindung

Vom S-Bahnhof Tiefstack (S21) mit
Buslinie 120 bis Kraueler Hauptdeich
oder vom S-Bahnhof Bergedorf (S21)
mit der Buslinie 227 bis Kiebitzbrack.

Parkmöglichkeiten in den Straßen
Kraueler Hauptdeich und Kiebitzdeich.

Geprägt von der Elbtide:

Zollenspieker

Unterschutzstellung

Hamburgische Verordnung vom 26.4.1988. Seit 1998 Schutzgebiet nach der Flora-Fauna-Habitat-Richtlinie der EG (FFH). Natura-2000-Gebiet.

Entstehung

Das 80 Hektar große Naturschutzgebiet Zollenspieker liegt im Südosten Hamburgs in den Gemarkungen Kirchwerder, Neuengamme und Ost-Krauel. Es umfasst die Zollenspieker Vordeichflächen, das Carlsbrack, das Riepenburger Brack und das Riepenburger Vogelschutzgehölz. Die dem Einfluss der Elbtide unterliegenden Vordeichflächen sind Reste einer ehemals ausgedehnten Elbauenlandschaft. Seit der Besiedlung im Mittelalter wandelten die Bewohner die Feuchtlebensräume durch Deichbau in landwirtschaftlich nutzbare Flächen um. So verschwand der größte Teil der Auenlandschaft. Riepenburger Brack und Carlsbrack verdanken ihre Entstehung Deichbrüchen im späten Mittelalter (s. Borghorster Elblandschaft). Der Name Zollenspieker entstand wahrscheinlich Ende des 14. Jahrhunderts. Damals verlegte man die 1253 bei Riepenburg errichtete Zoll- und Fährstelle wegen

oben: Vordeichgebiet im Morgendunst

63

Deichbaus stromabwärts an die Stelle, wo noch heute das Zollenspieker Fährhaus steht, Hamburgs südlichstes Gebäude. An diesem Elbknie konnten die Zöllner, die auch den Wegezoll für die Elbüberquerung mit der Fähre kassierten, gut über den Strom „spieken", also spähen. 1806 wurde die Zollstelle geschlossen.

Biotope

Ehemalige Hafenbecken, Flachwasserzonen, Süßwasserwatt, Priele, Rinnen, Bracks, Tideröhricht, Feuchtwiesen, Tideauwald, Erlenbruchwald, Mischwald.

Flora und Fauna

Den größten Bereich des Naturschutzgebiets nimmt das der Tide ausge-
setzte, zwischen 100 und 400 Meter
breite Zollenspieker Elbdeichvorland
ein. Bis zu sechzigmal im Jahr wird es
vom Elbwasser überflutet. Bisher
konnten etwa 150 Pflanzenarten be-
stimmt werden, die an diesen extremen Standort angepasst sind. Beispiele: Einjähriger Beifuß, Elb-Spitz-
klette sowie die weltweit nur noch im
Süßwasserwatt der Elbe vorkommenden Pflanzen Wiebelschmiele und
Schierlings-Wasserfenchel. Der Botanische Verein zu Hamburg führt im Hamburger Raum ein Projekt zur Ansied-
lung des Schierlings-Wasserfenchels
durch; in diesem Rahmen soll hier im
Deichvorland zusätzlicher Lebensraum
für diesen Doldenblütler geschaffen
werden. Dazu werden Priele ausge-
baggert, deren Schlickufer ideale Biotope für die seltene Pflanze sind.
Anschließend wird der Schierlings-
Wasserfenchel durch Aufbringen sa-
menhaltigen Elbschlicks, durch Aus-
saat sowie durch Anpflanzen von
Keimlingen oder einjährigen Pflanzen
angesiedelt. In den Bracks leben viele
Fischarten, darunter der seltene Steinbeißer. Zahlreiche Vogelarten sind in
den feuchten Wiesen der Elbaue zu
beobachten. Beispiele: Bekassine, Kiebitz, Rotschenkel, Uferschnepfe und
Wiesenpieper. Im Bereich des Riepenburger Gehölzes und des Riepenburger Bracks gibt es Vorkommen von Pirol, Eisvogel und Wendehals. Dort brütet auch häufig der Weißstorch. Die
Zollenspieker Vorlandflächen sind bei
Niedrigwasser Nahrungs-, Sammel-
und Rastplatz von Gänsesäger, Brand-
und Krickente sowie weiterer Vogelarten.

Hinweise

Zuständig ist das Bezirksamt Bergedorf
(Telefon 428 91-0). Das Naturschutzgebiet wird vom NABU (Telefon
69 70 89-0) betreut. Restaurantbetrieb
im Zollenspieker Fährhaus. Von dort
fährt auch eine Fähre nach Hoopte.
Vom Zollenspieker Hauptdeich hat
man schöne Blicke auf die Elbe.

Verkehrsanbindung

Vom S-Bahnhof Tiefstack (S21) mit
Buslinie 120 bis Zollenspieker, Fähre.
    Größerer Parkplatz am Zollenspie-
ker Fährhaus.

*Mit seinen gezähnten Schnabel-
rändern hält der Gänsesäger er-
jagte Fische fest*

*linke Seite oben: Der bis zu 12 cm
lange Steinbeißer lebt am Gewäs-
sergrund*

*linke Seite unten: Schilfröhricht im
Seitenlicht*

Hamburgs größtes Naturschutzgebiet:
Kirchwerder Wiesen

Unterschutzstellung

Hamburgische Verordnung vom 24.8.1993. Seit 1999 Schutzgebiet nach der Flora-Fauna-Habitat-Richtlinie der EG (FFH). Natura-2000-Gebiet.

Entstehung

Die Kirchwerder Wiesen, mit 860 Hektar größtes Naturschutzgebiet Hamburgs, liegen im Südosten der Hansestadt in den Gemarkungen Kirchwerder und Neuengamme. Sie sind zentraler Teil der Vier- und Marschlande, einer weiträumigen Kulturland-

oben: Schilfrohr und Weißdorn
am Wiesenrand

schaft, die im Laufe der Zeit im Urstromtal der Elbe entstand. Mit dem Ziel Landgewinnung und Hochwasserschutz bauten die Menschen im Mittelalter Deiche an Gose- und Dove-Elbe. Aus dieser Zeit datieren die ersten Ansiedlungen. Kirchwerder kommt bereits in einer Urkunde von 1217 vor. Um die fruchtbaren Marschen landwirtschaftlich nutzen zu können, hoben die damaligen Bewohner Gräben aus, um das Gebiet je nach Lage zu be- oder entwässern. Das heutige ausgeklügelte Grabensystem, bestehend aus einem engmaschigen Netz größerer und kleinerer Gräben, wurde in den 1920er Jahren angelegt. Was in den

Der Bitterling legt seine Eier in Teichmuscheln ab

Ein großer Graben des in den zwanziger Jahren angelegten Grabensystems

Der Weißstorch findet hier noch ausreichend Beute

Die Raupe des Nachtfalters Grasglucke nippt gern an Wassertropfen, wonach die Art auch Trinkerin genannt wird

Vier- und Marschlanden angebaut wurde, hing immer von den Hamburgern ab. Bis in das 14. Jahrhundert hinein bestand eine große Nachfrage nach Getreide. Danach spielten Hopfen und Gerste die Hauptrolle, denn die Hamburger Brauereien hatten gro-ßen Bedarf. Von Ende des 17. Jahrhunderts bis Mitte des 19. Jahrhunderts überwog wieder der Getreideanbau (hauptsächlich Weizen). Heute sind die Elbmarschen Standort für Obst- und Gemüsebaubetriebe sowie Gärtnereien. Die großen Grünlandflächen der Kirchwerder Wiesen werden extensiv als Viehweide genutzt.

Biotope

Stillgewässer, Gräben, Nasswiesen, Feuchtwiesen, Hochstaudenfluren, Weiden, Grünland.

Flora und Fauna

Im Wasser der Gräben gedeihen Pfeilkraut und Krebsschere. An den Rändern wachsen an einigen Stellen Röhrichte und Seggen, hier und da auch Erlen. Weitere Bäume in den Kirchwerder Wiesen: Birken, Stieleichen und Obstbäume. Besonders artenreich sind die einst der Entwässerung von Niedermooren dienenden Niedermoorgräben. An ihnen wachsen u. a. Schwanenblume, Strauß-Gilbweiderich, Sumpfsternmiere und Röhrige Pferdesaat. In den Bulten kommen verschiedene Seggen- und Binsenarten vor. Dort wachsen auch Torfmoose und Sumpfblutauge. Im Wasser der Gräben schwimmt ein seltener Fisch: der Bitterling, eine Fischart, die ihre Eier in die ebenfalls dort vorkommende Große Teichmuschel ablegt. Die Jungfische entwickeln sich im Schutz der Muschelschalen, bevor sie ihre Kinderstube verlassen. Auch Amphibien wie Gras- und Moorfrosch sowie Teich- und Kammmolch sind dort zu finden. Zu den im Uferbereich lebenden Reptilien gehören Ringelnatter und Waldeidechse. Die Vogelwelt der Kirchwerder Wiesen ist charakterisiert durch Arten, die an feuchtes Grünland angepasst sind: Bekassine, Braunkehlchen, Kiebitz, Knäkente, Rotschenkel, Schilfrohrsänger, Uferschnepfe und Weiß-

Extensiv beweidete Wiese

69

Ein Bewohner der Gräben: Kamm-molch

oben: Äußerst selten in Hamburg: Trauerseeschwalbe

schwalbe stattdessen auch künstliche kleine Holzflöße als Ersatz-Nistplatz an.

Hinweise

Zuständig ist die Behörde für Umwelt und Gesundheit (Umwelttelefon 34 35 36). Betreuender Verein ist der NABU (Telefon 69 70 89-0). Er bietet im Frühjahr auch vogelkundliche Führungen an.

Verkehrsanbindung

storch. Eine Seltenheit ist die Trauer-seeschwalbe. Dieser geburtsortstreue Zugvogel baut sein Nest gern auf den Blättern der Krebsschere. Da die Bestände dieser Wasserpflanze hier sehr gering sind, nimmt die Trauersee-

Mit der Buslinie 223 vom S-Bahnhof Bergedorf (S21) bis Marschbahndamm oder Fersenweg.

Parkmöglichkeiten in den Straßen Fersenweg und Kirchwerder Landweg.

Eldorado für Wasservögel:
Die Reit

Unterschutzstellung

Hamburgische Verordnung vom 21.8.1973. Seit 1982 Vogelschutzgebiet nach EG-Vogelschutzrichtlinie. Seit 1999 Schutzgebiet nach der Flora-Fauna-Habitat-Richtlinie der EG (FFH).

Auch das im Nordwesten der Reit angrenzende, nicht unter Naturschutz gestellte Gebiet Die Hohe ist seit 1999 FFH-Gebiet. Die Reit und Die Hohe sind Natura-2000-Gebiete.

Entstehung

Das 48 Hektar große Naturschutzgebiet Die Reit liegt im Südosten Hamburgs am Zusammenfluss von Gose- und Dove-Elbe. Es gehört zur Gemarkung Reitbrook. Die Reit befindet sich im Bereich der Elbmarschen und ist Teil des im Verlauf der letzten Eiszeit entstandenen Urstromtals. Von den Flussarmen, in die sich die Elbe hier aufgespalten hatte, führten Gose- und Dove-Elbe das meiste Wasser, wurden aber bereits vor einigen Jahrhunderten abgedämmt und sind seitdem Relikte der ursprünglichen Landschaft. Vom 13. bis ins 19. Jahrhundert wurde Die Reit ausschließlich landwirtschaftlich genutzt. Von 1885 bis 1929 betrieb man Tonabbau für eine dortige Ziegelei. Das wachsende Hamburg hatte großen Bedarf an Backsteinen und

oben: Durch Erdaushub für den Deichbau entstandener Teich

Wildrosen am Reitdeich

Quakendes Laubfrosch-Männchen

Dachziegeln. Wo die Tonvorkommen abgebaut waren, wurden Korbweiden angepflanzt, um Material für Korbflechtereien zu liefern. In den 1930er Jahren wurde im Bereich des heutigen Naturschutzgebiets Boden für den Bau eines Deiches ausgehoben. Die so entstandene Grube füllte sich später mit Wasser und ist jetzt als großer Teich ein wichtiger Lebensraum für Fische, Amphibien und Vögel. Ein nach Abschluss des Deichbaus langsam wieder aufkommender Bruchwald fiel kurz nach Ende des Zweiten Weltkriegs dem großen Brennholzbedarf zum Opfer. Erst danach konnte sich allmählich erneut Bruchwald ausbreiten.

Biotope

Teiche, Schilfröhricht, Niedermoor, Grünland, Weidengebüsch, Bruchwald.

Erdkröten bei der Paarung

Reitdeich und Gose-Elbe

73

Forschungsstation des NABU

Flora und Fauna

Schilfröhrichtbestände nehmen mehr als ein Drittel der Fläche des Naturschutzgebiets ein. Das Schilf wächst in den feuchten, tiefer gelegenen Bereichen. Dort gedeihen auch andere Pflanzen wie etwa Bittersüßer Nachtschatten und Breitblättriger Rohrkolben. Wo das Schilf nicht so dicht steht, haben sich verschiedene Moose angesiedelt. Dem Röhricht schließt sich ausgedehntes Weidengebüsch an. Neben Grau-, Korb- und Salweide wachsen dort Zitterpappel, Stieleiche, Weiß-

Der Sumpfrohrsänger baut in seinen Gesang gern Laute und Gesangsmotive anderer Vogelarten ein

dorn, Eberesche, Holunder, Brombeere und Heckenrose. Der nördliche, höher gelegene und damit trockenere Teil des Schutzgebiets ist von Birkenbruchwald bestanden. Auf dem extensiv beweideten Grünland zwischen Reitdeich und Gose-Elbe findet sich noch die vom Aussterben bedrohte Schachblume. Auf den Teichen blühen im Sommer See- und Teichrosen. Im Teichwasser lebt der Bitterling (s. Kirchwerder Wiesen). Mehrere Amphibienarten laichen in den zum Teil künstlich angelegten Gewässern: Erdkröte, Gras-, Laub- und Moorfrosch sowie Teich- und Kammmolch. Von Mitte Februar bis Ende März lässt sich nachmittags und abends die Amphibien-Wanderung über den Reitdeich beobachten. Sie haben ihre Winterquartiere verlassen und sind auf dem Weg zu ihren Laichge-

wässern. Besonders zahlreich sind Erdkröten vertreten. Ein Auto-Fahrverbot auf der asphaltierten Deichkrone verhindert den Tod unzähliger Lurche. Die Reit ist ein Eldrado für Vögel. Fast 200 Arten konnten bisher nachgewiesen werden. Beispiele: Kleines Sumpfhuhn, Tüpfelsumpfhuhn, Wasserralle, Trauerseeschwalbe, Große Rohrdommel, Fischadler, Rohrweihe, Rohrammer, Rohrschwirl, Sumpfrohrsänger, Drosselrohrsänger, Seggenrohrsänger. Die großen Röhrichtbestände und das ausgedehnte Weidengebüsch bieten vielen Vögeln Schutz und Nahrung. Sie brüten hier oder nutzen das Gebiet auf ihrem langen Weg ins Winter- oder Sommerquartier zur Rast und Nahrungsaufnahme. Eine Forschungsstation des NABU am Reitbrooker Westerdeich befasst sich seit 1973 mit dem

Mehr als 60 Vogelarten wissen die Beeren der Eberesche zu schätzen

herbstlichen Vogelzug. In Zusammenarbeit mit dem Max-Planck-Institut für Verhaltensphysiologie in Radolfzell am Bodensee und der Vogelwarte Helgoland soll mit Hilfe von Beringung beispielsweise die Frage beantwortet werden, wie sich langfristig die Bestände ziehender Kleinvogelarten entwickeln. Bisher wurden in ehrenamtlicher Arbeit über 120 000 Vögel beringt.

Hinweise

Zuständig ist das Bezirksamt Bergedorf (Telefon 428 91-0). Das Naturschutzgebiet wird vom NABU (Telefon 69 70 89-0) betreut. Er bietet im Frühjahr auch vogelkundliche Führungen an. Außerdem gewährt er an einem

Tag der offenen Tür Einblicke in die Arbeit der Vogelberingungsstation. Sie ist vom 30. Juni bis zum 6. November geöffnet.

Verkehrsanbindung

Das in den Vier- und Marschlanden gelegene Naturschutzgebiet ist mit öffentlichen Verkehrsmitteln nur schwer zu erreichen. Eine Möglichkeit: Vom S-Bahnhof Bergedorf (S21) mit der unregelmäßig fahrenden Buslinie 222 bis Wulffsbrücke. Dann noch zwei Kilometer Fußweg auf dem Reitbrooker Westerdeich.

Parkmöglichkeiten: Reitdeich und Reitbrooker Westerdeich.

Natur-Idylle am Autobahnkreuz:

Rhee

Unterschutzstellung

Hamburgische Verordnung vom 22.6.1981.

Entstehung

Das Naturschutzgebiet Rhee ist 18 Hektar groß. Es liegt im Südosten Hamburgs in der Gemarkung Wilhelmsburg und ist ein Überbleibsel einer ursprünglich ins Stromspaltungsgebiet der Elbe eingebetteten weitläufigen Tide-Auenlandschaft. Seit dem Mittelalter änderte sich das Landschaftsbild immer wieder: Deiche wurden errichtet, Elbarme vertieft oder zu Hafenbecken erweitert, Landwirtschaft wurde betrieben. Großflächige Naturzerstörungen gab es im 20. Jahrhundert, denn die zunehmende Industrieansiedlung und der Ausbau des Hafens forderten ihren Tribut. Die Rhee unterliegt seit Anfang der 1960er Jahre nicht mehr dem Einfluss der Tide. Damals wurde der in die Norderelbe entwässernde Georgswerder Schleusengraben abgedämmt. Seit der Abtrennung von der Norderelbe wird in der Rhee keine Landwirtschaft mehr betrieben. Doch noch heute zeugen die lang gestreckten Landstreifen (Beete) mit den der Entwässerung die-

oben: Partie am Georgswerder Schleusengraben

Gemeine Zaunwinde

Auf dem Obergeorgswerder Deich

nenden Beetgräben dazwischen von der ehemaligen Nutzung.

Biotope

Grabensystem des Georgswerder Schleusengrabens, Röhricht, Hochstaudenfluren, Bruchwald.

Flora und Fauna

Mit dem Autobahnkreuz Hamburg-Süd nebenan, liegt die Rhee inmitten einer eher naturfernen Gegend. Trotzdem hat das kleine Feuchtgebiet einiges zu bieten: 182 Pflanzenarten, 7 Heuschreckenarten, 13 Libellenarten, 10 Tagfalterarten, 20 Schneckenarten, 3 Amphibienarten und 39 Vogelarten. Auf dem ehemaligen Weideland finden wir heute Röhrichte und Hochstaudenfluren. Im Röhricht gedeiht auch immer noch das Fluss-Greiskraut. Als typische Pflanze der tidebeeinflussten Elbauen erinnert es an die Zeit, als die Rhee noch den wechselnden Wasserständen der Elbe ausgesetzt war. Häufig sind Brennnessel und Land-Reitgras. Im Uferbereich des Georgswerder Schleusengrabens gibt es dichte Bestände von Schilf und Wasserschwaden. Dort wachsen auch Silberweiden. Viele von ihnen wurden früher regelmäßig geschnitten und haben sich deshalb zu Kopfweiden entwickelt. Um diese Zeugen einer Kulturlandschaft zu erhalten, werden sie auch heute noch gestutzt. Weitere Pflanzen: Gundermann, Scharbockskraut und der gefährdete Schlangen-Lauch. Auf drei Spülfeldern im Naturschutzgebiet, die 1994 im Zusammen-

Silberweide, durch wiederholtes Beschneiden zur Kopfweide geworden

79

hang mit dem Bau eines Schöpfwerks entstanden, keimte in großer Zahl der weltweit nur noch im Süßwasserwatt der Elbe vorkommende Schierlings-Wasserfenchel auf, denn das ausgebrachte Elbsediment war voller Samen. Mittlerweile sind die Bestände wieder erloschen, weil sich konkurrenzstärkere Arten angesiedelt haben. Zu den in der Rhee lebenden Libellenarten gehören die Glänzende Smaragdlibelle und die Große Königslibelle. Die drei im Naturschutzgebiet vorkommenden Amphibienarten sind Erdkröte, Grasfrosch und Teichmolch. Unter den Vogelarten ist der Eisvogel hervorzuheben. Aus mehreren Jahren liegen Brutnachweise vor.

fon 428 71-0). Die Betreuung des Gebiets hat die Gesellschaft für ökologische Planung (GÖP, Telefon 73 93 12 67) übernommen. Der NABU (Telefon 69 70 89-0) bietet im Frühjahr vogelkundliche Führungen an. Durch das Gebiet selbst führen keine Wege. Allerdings hat man vom Obergeorgswerder Deich einen guten Einblick.

Verkehrsanbindung

Ab S-Bahnhof Veddel (S3, S31) mit der Buslinie 154 bis Niedergeorgswerder Deich (Süd) oder mit der Buslinie 354 bis Müggenburger Schleuse.

Parkmöglichkeit auf dem Obergeorgswerder Deich.

Hinweise

Nicht selten begibt sich der Teichmolch auch an Land

Zuständig für das Naturschutzgebiet Rhee ist das Bezirksamt Harburg (Tele-

Artenvielfalt im Elbschlick:

Heuckenlock und Schweenssand

Unterschutzstellung

Heuckenlock: Hamburgische Verordnung vom 19.7.1977. Seit 1998 Schutzgebiet nach der Flora-Fauna-Habitat-Richtlinie der EG (FFH). Natura-2000-Gebiet.

Schweenssand: Hamburgische Verordnung vom 31.8.1993. Seit 1998 Schutzgebiet nach der Flora-Fauna-Habitat-Richtlinie der EG (FFH). Natura-2000-Gebiet.

Entstehung

Die Naturschutzgebiete Heuckenlock (120 Hektar) und Schweenssand (30 Hektar) liegen im Süden Hamburgs in den Gemarkungen Wilhelmsburg und Moorwerder bzw. Neuland. Heuckenlock befindet sich am Nordufer der Süderelbe, ist gut drei Kilometer lang und bis zu 400 Meter breit. Ihm direkt gegenüber, auf der anderen Seite der Süderelbe, liegt das Naturschutzgebiet Schweenssand, etwa ebenso lang, aber im Schnitt nicht so breit. Heuckenlock und Schweenssand sind der großflächig erhaltene Rest einer ehemals viel weiter ausgedehnten, den Gezeiten der Elbe unterworfenen Süßwasser-Auenlandschaft. Sie entstand nach der letzten Eiszeit und hat sich im Laufe der Zeit vielfältig verändert. Schweenssand und mehr noch Heu-

oben: Priel bei Ebbe

Schilfrohr und Pappeln

Im Auwald lässt sich die Nachtigall hören

ckenlock haben allerdings bis heute viel von ihrer Ursprünglichkeit bewahrt. Das geht zurück auf Machtkämpfe im Mittelalter: Dem Fürstentum Lüneburg war an einem Elbhafen in Harburg gelegen, aber die Hamburger brachten die Bunthausspitze in ihren Besitz und hatten mit der Kontrolle über die Süderelbe einen Hebel, das Aufkommen der Konkurrenz zu verhindern. So blieb das Gebiet lange unangetastet. Lediglich Schweenssand wurde gegen Ende des 19. Jahrhunderts verändert: Landgewinnung, künstlich angelegte Buchten. 1939 wurde das Gebiet durch den Bau einer Reichsautobahn (die heutige A1) zerschnitten.

Biotope

Priele, Rinnen, Süßwasserwatt, Tide-Röhricht, Hochstaudenfluren, Nassrieder, Tide-Auwald.

Flora und Fauna

Heuckenlock und Schweenssand sind besonders reich an Pflanzen. 700 Arten wurden gezählt. Die Flora in den beiden tidebeeinflussten Naturschutzgebieten wird hauptsächlich durch Bodenbeschaffenheit und Bodenprofil geprägt. Auf den regelmäßig überfluteten, durch abgelagerten Elbschlick sehr nährstoffreichen Böden des Süßwasserwatts gedeihen die weltweit nur noch im Hamburger Raum vorkommenden Pflanzen Wiebelschmiele und Schierlings-Wasserfenchel. Die fruchtbaren Böden im Uferbereich sind mit großen Schilfbeständen bewachsen. Die fingerdicken Halme erreichen hier die erstaunliche Länge von bis zu vier Metern. Auch an den Prielen kommen verschiedene Röhricht-Arten vor. Beispiele: Schmal- und Breitblättriger Rohrkolben, Salz-Teichsimse, Gemeine Strandsimse, Igelkolben. Die höher gelegenen, seltener überfluteten Böden sind sandhaltiger und enthalten weniger Nährstoffe. Dort hat sich Auwald

Blühende Mandel-Weide

Schierlings-Wasserfenchel

83

Weidenstamm, Weißdornblätter, Schlehenblüten bilden ein malerisches Dickicht

angesiedelt, im Naturschutzgebiet Heuckenlock ausgedehnter als in Schweenssand. Auf feuchteren Stellen Weichholzaue mit vorwiegend Weiden und Pappeln, auf trockeneren Böden Hartholzaue mit vorwiegend Eichen und Eschen. Weitere Pflanzen im Auwald: Erlen, Pfaffenhütchen, Schneeball, verschiedene Weißdorn- und Klettenarten. Als Besonderheit sei noch eine über vierhundert Jahre alte Flatterulme erwähnt. Auch die anderen Biotoptypen weisen eine abwechslungsreiche Pflanzenwelt auf. So finden sich in den Hochstaudenfluren etwa Brennnessel, Greiskraut und Pestwurz. Pflanzen der Nassrieder: Kalmus, Rohrglanzgras, Seggen, Simsen, Wasserschwaden. Im Heuckenlock wächst auf zwei Feuchtwiesenflächen noch die seltene Schachblume. Deren Fortbestand will man durch regelmäßige Pflegemaßnahmen (Mahd im Sommer)

sichern. Die Elbe hat Samen von Pflanzen herantransportiert, die im Südosten an ihrem Oberlauf und dessen Zuflüssen zu Hause sind: Grannensegge, Langblättriger Ehrenpreis und Schwarzpappel wurden hier im Regenschatten der Harburger Berge heimisch. Zahlreiche Insektenarten leben in den beiden Naturschutzgebieten. Ein Beispiel: die Gelbbraune Schilfeule. Die Raupe dieses Nachtschmetterlings frisst das Innengewebe von Schilfhalmen. So entstehen Hohlräume, in denen später häufig Fliegen, Käfer und Spinnen zu finden sind. Fische sind gut vertreten: Finte, Flussneunauge, Meerneunauge, Nordseeschnäpel, Rapfen, Schlammpeitzger, Steinbeißer. Die Vogelwelt im Naturschutzgebiet Heuckenlock ist weit artenreicher als in Schweenssand, weil Heuckenlock weniger den Eingriffen des Menschen ausgesetzt war. In den ausgeprägten

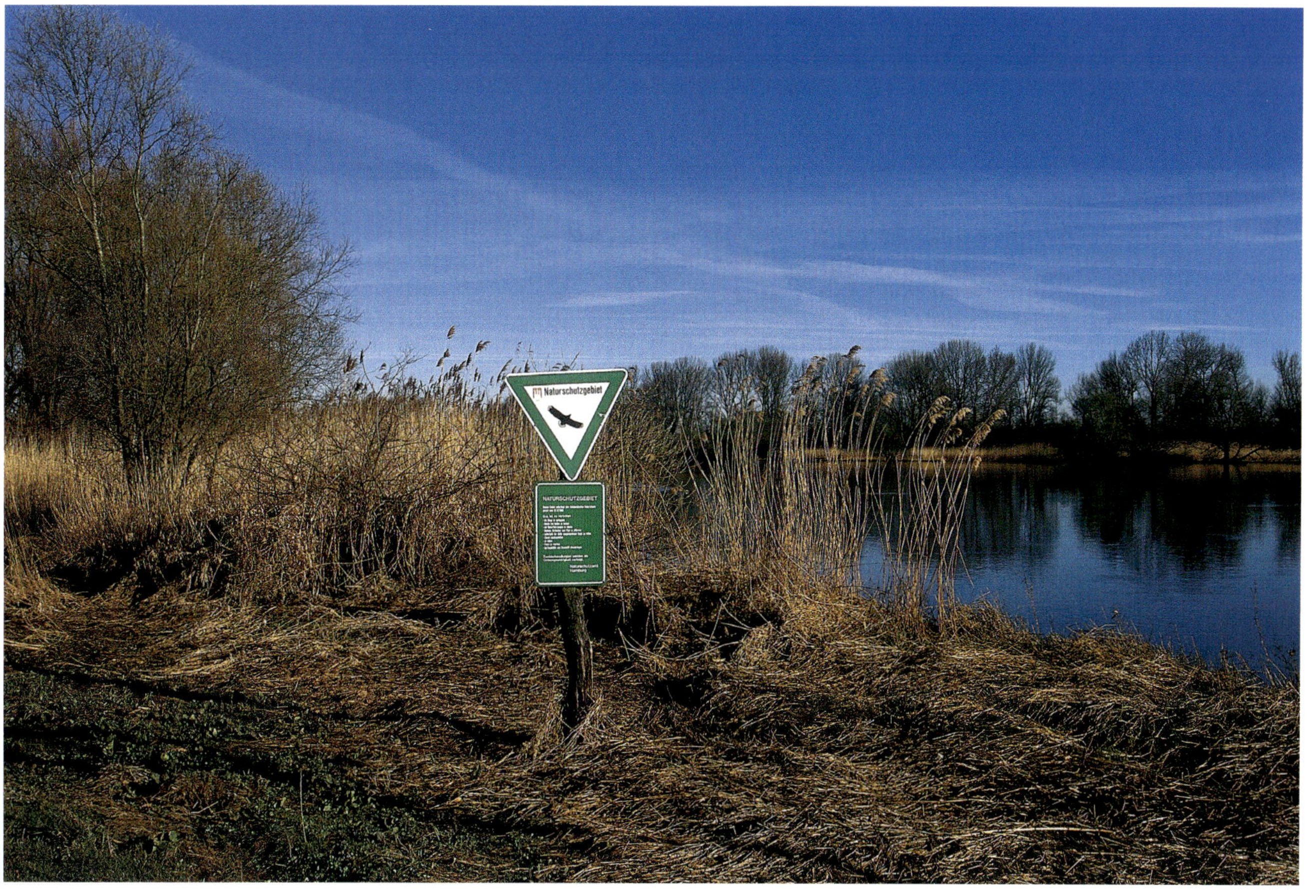

Am Südufer der Süderelbe

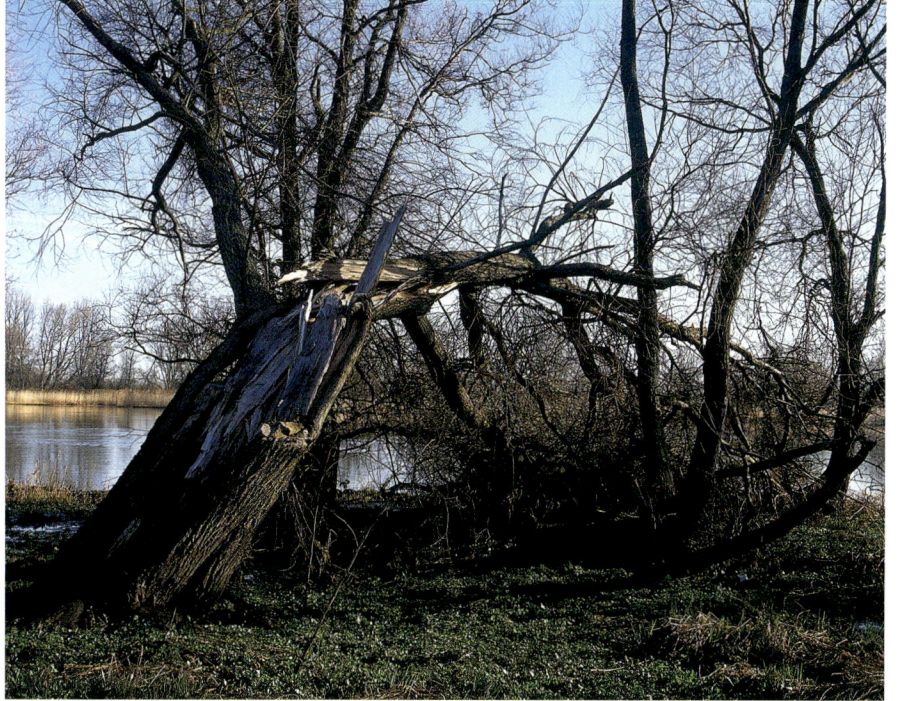

Sturmgeschädigte Weide

Auwäldern brüten beispielsweise Nachtigall und Kleinspecht. Im Tide-Röhricht gehen Großvögel wie Graureiher und Weißstorch auf Nahrungssuche. Dort leben auch viele Kleinvögel. Etwa die Rohrammer und ver-

Die Beutelmeise verwendet auch Pappel- und Weidensamen für ihr kunstvolles Hängenest

schiedene Rohrsängerarten. Eine ornithologische Besonderheit im Naturschutzgebiet Schweenssand ist die bei uns seltene Beutelmeise.

Hinweise

Zuständig für die Naturschutzgebiete Heuckenlock und Schweenssand ist das Bezirksamt Harburg (Telefon 428 71-0). Die Betreuung der Gebiete hat die Gesellschaft für ökologische Planung (GÖP, Telefon 73 93 12 67) übernommen.

Verkehrsanbindung

Heuckenlock: Ab S-Bahnhof Wilhelmsburg (S3, S31) mit der Buslinie 351 bis Am Heuckenlock. Schweenssand: Ab S-Bahnhof Harburg (S3, S31) mit den Buslinien 149 oder 152 bis Neuland.

Parkmöglichkeiten am Stillhorner Hauptdeich (Heuckenlock) und am Neuländer Elbdeich (Schweenssand).

Besenheide auf Endmoränen:

Fischbeker Heide

Unterschutzstellung

Hamburgische Verordnung vom 29.7.1958. Seit 1997 Schutzgebiet nach der Flora-Fauna-Habitat-Richtlinie der EG (FFH). Natura-2000-Gebiet.

Entstehung

Die 773 Hektar große Fischbeker Heide liegt im Südwesten Hamburgs in den Gemarkungen Fischbek und Neugraben, am südlichen Rand des Elbe-Urstromtales. Die weiten Heideflächen mit ihren nährstoffarmen Böden in der hügeligen, von Eiszeiten geprägten Endmoränenlandschaft gehen auf Eingriffe des Menschen zurück. Die ursprüngliche Bewaldung ging besonders im Mittelalter verloren, als große Mengen Brennholz für die Salzgewinnung in Lüneburg benötigt wurden. Der ehemalige Waldboden verarmte durch Erosion und damit einhergehender Auslaugung. Auf dem Heidesand breitete sich die Licht liebende Besenheide aus. Sie genügte als Weide für die Heidschnucken: Milch-, Fleisch- und Woll-Lieferanten im Rahmen der Heidewirtschaft. Die Schnucken fraßen auch Baumkeimlinge ab, sodass kein neuer Wald aufkam. In neuerer Zeit ließen Aufforstung und Umwand-

oben: Beginn der Heideblüte

87

Blaubeeren im Eichen-Krattwald

In Hamburg nur in der Fischbeker
Heide: Ziegenmelker

lung in Ackerland die Heideflächen
schwinden. Erst jetzt ist man dabei,
verbuschte und verbaumte Bereiche zu
entkusseln und abermals von Heidschnucken beweiden zu lassen, um
die Kulturlandschaft Heide wieder
herzustellen.

Biotope

Moor, Quellmoor, Feuchtheide, Tro-
ckenheide, Sandflächen, Magerrasen,
Waldwiesen, Laubwald, Nadelwald,
Mischwald, Krattwald.

Abfließendes Regenwasser hat den Bleichsand ausgespült

Vorsicht, giftig: Kreuzotter

Flora und Fauna

Auf den Trockenheide-Flächen wachsen neben der charakteristischen Besenheide auch Behaarter und Englischer Ginster, Krähenbeere sowie die Bärentraube, die sich hier bei uns nur selten findet. Auf Feuchtheide und Moorflächen kommen Glockenheide, Torfmoose, Wollgräser, Sonnentau, Ährenlilie und das Weiße Schnabelried vor, im Quellmoor auch Gagelstrauch (s. Moorgürtel) und der seltene Lungenenzian (s. Raakmoor). Die Fischbeker Heide bietet Lebensraum für mehr als 2000 Kleintierarten. Hier leben die Heidelibelle, das seltene Heide-Grünwidderchen, der Geisklee-Bläuling, die Sandschlupfwespe, die Ameisenjungfer und die Gefleckte Keulenschrecke sowie neben dem Nashornkäfer eine Vielzahl verschiedener Laufkäfer wie

etwa der Feldlaufkäfer. Unter den 140 Spinnenarten gibt es diverse Baldachinspinnen. Reptilien sind durch Bergeidechse, Zauneidechse, Blindschleiche und Kreuzotter vertreten. Rund 40 Vogelarten brüten in der Fischbeker Heide. Unter anderem Heidelerche, Schwarzspecht und Misteldrossel. Eine ornithologische Seltenheit ist der Ziegenmelker, eine Nachtschwalbenart.

Hinweise

Zuständig für die Fischbeker Heide ist die Behörde für Umwelt und Gesundheit (Umwelttelefon 34 35 36). Sie hat auch eine gute Gebietskarte herausgegeben. Die Betreuung haben u. a. der BUND (Telefon 60 03 86-0), der Botanische Verein zu Hamburg (Telefon 601 60 53) und der NABU (Telefon

Am frühen Morgen

linke Seite: Eingesponnene junge Kiefer

Besenheide und Johanniskraut

Besenginster

69 70 89-0) übernommen. Nähere Auskünfte über die Fischbeker Heide sind im Naturschutz-Informationshaus „Schafstall" der Stiftung Naturschutz Hamburg und der Stiftung zum Schutz gefährdeter Pflanzen zu erhalten (Fischbeker Heideweg 43, Telefon 702 66 18). Es ist von April bis Oktober geöffnet: Dienstag bis Freitag 10 bis 13 Uhr, Samstag 12 bis 17 Uhr und an Sonn- und Feiertagen 11 bis 17 Uhr. Das Info-Haus bietet auch Führungen und weitere naturkundliche Veranstaltungen an. Das Naturschutzgebiet ist durch ein gut ausgebautes Wanderwegenetz erschlossen. Aus einem Segelflugzeug kann man die Fischbeker Heide von oben betrachten. Anmeldung zum Mitfliegen beim Segelflug-Club Fischbek, Telefon 701 89 30 (an Wochenenden und Feiertagen).

Verkehrsanbindung

S-Bahn (S3, S31) bis Neugraben, von dort mit der Buslinie 250 bis zum Fischbeker Heideweg.

An der Bus-Wendeschleife befindet sich die Einfahrt zu einem Parkplatz. Weitere Parkmöglichkeiten in der näheren Umgebung.

Brutgebiet des Wachtelkönigs:

Moorgürtel

oben: Moorwiese mit Flatter-Binse
unten: Kleiner Klappertopf

Unterschutzstellung

Hamburgische Verordnung vom 7.8.2001. Seit 1998 Vogelschutzgebiet nach EG-Vogelschutzrichtlinie. Natura-2000-Gebiet.

Entstehung

Das 737 Hektar große Naturschutzgebiet Moorgürtel liegt im Südwesten Hamburgs in den Gemarkungen Fischbek und Neugraben. Zum Moorgürtel gehören außer den Gebieten Fischbe-

ker Wiesen und Vierzigstücken auch das Nincoper und das Francoper Moor. Nach der letzten Eiszeit haben die relativ langsam und mit vielen Windungen dahinfließende Elbe und das aus den Harburger Bergen aussickernde Grundwasser die Gebiete am südlichen Rand des Elbe-Urstromtals stark durchfeuchtet und eine etwa 1000 Hektar große Moorlandschaft aus Flach- und Übergangsmooren entstehen lassen. Die Übergangsmoore entwickelten sich zum Teil weiter zu Hochmooren mit bis zu neun Meter mächtigen Torfschichten. Noch bis zu Beginn

In den Wassergräben wächst die Krebsschere

oben: Scheu und vorwiegend abends oder nachts zu hören: Wachtelkönig

Wiedervernässung und Entkusselung versucht man, die noch vorhandenen Moorflächen zu vergrößern. Auf diese Weise hat man das Nincoper Moor teilweise regenerieren können und so wieder Lebensraum für moortypische Pflanzen und Tiere geschaffen.

Biotope

Übergangsmoor, Hochmoor, Moorwiesen, Moorbirkenwälder, Gräben, Röhricht, Seggenrieder, Hochstaudenfluren, Feuchtwiesen, Feuchtgebüsche, Feuchtwälder, Brach- und Ruderalflächen, Weiden.

Flora und Fauna

Im Naturschutzgebiet Moorgürtel dominieren Wiesen und Weiden. Auf den extensiv genutzten Wiesen wachsen auch seltenere Pflanzen wie Klappertopf, Kohldistel, Kuckucks-Lichtnelke, Orchideen und Schlangenknöterich. An das Moor angepasste Pflanzen finden sich im Nincoper und Francoper Moor: Schmalblättriges Wollgras, Breitblättriges Knabenkraut, Königsfarn, verschiedene Torfmoosarten und der Gagelstrauch. Die Wikinger nutzten dessen Aromastoffe zum Würzen ihres Honigweins, später würzte man mit seinen Blättern auch Bier. Seine Früchte lieferten das so genannte Myrtenwachs. Das Mosaik unterschiedlicher Biotoptypen sorgt für eine abwechslungsreiche Fauna. Besonders artenreich ist die Vogelwelt. Im Feuchtgrünland sind Wiesenvögel wie etwa Bekassine, Kiebitz, Weißstorch und Wiesenpieper zu beobachten. Weitere Vogelarten im Naturschutzgebiet u. a.: Braunkehlchen, Dorngrasmücke, Feldschwirl, Neuntöter, Rohrweihe, Schwarzkehlchen, Tüpfelsumpfhuhn

des vorigen Jahrhunderts wurde der Torf gestochen und als Brennstoff verwendet. Zum Vorteil der Natur konnte Landwirtschaft nur extensiv betrieben werden, denn für eine intensive großflächige Nutzung waren die Böden zu feucht. Außerdem bewirtschafteten viele Bauern ihr Land nur nebenbei, da sie sich ihren Lebensunterhalt zum größeren Teil in der nahen Stadt verdienten. Deshalb wurden zumeist nur kleinere Flächen entwässert, was der Natur ebenfalls zugute kam. Die ehemals ausgedehnte Moorlandschaft hat sich im Laufe der Zeit zu einer Kulturlandschaft mit „kleinräumig wechselndem Mosaik aus landwirtschaftlich genutztem Grünland, Brach- und Ruderalflächen, Feuchtgebüschen und Moorbirkenwäldern sowie Hochmoor- und Übergangsmoorbereichen" (Verordnung vom 7.8.2001) entwickelt. Durch

und Wachtelkönig. Diese europaweit vom Aussterben bedrohte Rallenart lebt in Deutschland nur noch an wenigen Stellen. Ein besonders wichtiges Brutgebiet ist der Moorgürtel in den Süderelbmarschen. Dort lebt der scheue, nächtlich rufende Vogel in Schilf, Gebüsch, Hochstauden und Feuchtwiesen. Vor einigen Jahren hat er Schlagzeilen gemacht. Um seinen Lebensraum nicht zu bedrohen, durfte eine Siedlung mit 3000 Wohneinheiten nicht gebaut werden.

Hinweise

Zuständig für das Naturschutzgebiet Moorgürtel ist die Behörde für Umwelt und Gesundheit (Umwelttelefon 34 35 36). Betreuender Verein ist der NABU (Telefon 69 70 89-0). Er bietet im Frühjahr auch vogelkundliche Führungen an.

Verkehrsanbindung

Der Moorgürtel liegt nördlich der Bahnstrecke zwischen der S-Bahn-Haltestelle Neugraben (S3, S31) und der Bahnstation Neu Wulmstorf. Hinter dem Parkhaus am S-Bahnhof Neugraben beginnt ein Weg in das Naturschutzgebiet (Francoper Moor). Andere Möglichkeit: Mit den Buslinien 140 oder 240 bis Neu Wulmstorf, Hauptstraße. Von dort gelangt man über die Schifferstraße nach etwa 2,5 Kilometern in das Nincoper Moor.

Parkmöglichkeiten im Parkhaus und in der Schifferstraße.

Rot-Klee

oben: Feuchtwiese mit Wiesen-Kerbel und Scharfem Hahnenfuß

Von Prielen, Rinnen und Gräben durchzogen:

Finkenwerder Süderelbe und Westerweiden

Unterschutzstellung

Westerweiden: Hamburgische Verordnung vom 25.4.1989.

Finkenwerder Süderelbe: Hamburgische Verordnung vom 17.6.1997.

Entstehung

Die heutigen Naturschutzgebiete Finkenwerder Süderelbe (100 Hektar) und Westerweiden (70 Hektar) bildeten bis 1989 zusammen das Naturschutzgebiet Alte Süderelbe. Die Finkenwerder Süderelbe liegt im Südwesten Hamburgs in den Gemarkungen Finken-

oben: Blut-Weiderich und Fluß-Ampfer an der Alten Süderelbe

werder Süd, Francop und Hasselwerder, die Westerweiden liegen in der Gemarkung Finkenwerder Süd. Während das Naturschutzgebiet Finkenwerder Süderelbe den abgedämmten Endabschnitt der Alten Süderelbe mit seinen Uferbereichen sowie den Mühlensand umfasst, bestehen die im Nordosten angrenzenden Westerweiden aus großen Grünlandflächen. Die Abdämmung der Alten Süderelbe von der Stromelbe wurde nach der Sturmflutkatastrophe im Jahre 1962 beschlossen. Im Zuge der Verbesserung des Hochwasserschutzes wurde dieser Elbarm 1968 durch einen Damm von der Unterelbe abgetrennt. Seitdem ist

dieses Gebiet nicht mehr den wechselnden Wasserständen der Elbtide ausgesetzt und hat sich zu einem Stillwasser-Biotop gewandelt. Die ehemaligen Priele und Rinnen sowie Auwaldreste zeugen noch heute vom vorigen Zustand. Die Westerweiden werden schon seit Jahrhunderten extensiv als Weide für Pferde und Rinder genutzt, dieses Grünland stellt also eine alte Kulturlandschaft dar. Sie ist allerdings seit einiger Zeit starken anthropogenen Einflüssen ausgesetzt, wie Schadstoffimmissionen durch Starts und Landungen auf dem Gelände der im Norden angrenzenden DASA-Flugzeugwerft (Airbus) oder Pestizideintrag aus den benachbarten Obstbauflächen, vom Lärm der Flugzeuge sowie den Einflüssen des starken Autoverkehrs auf dem nahen Neß-Hauptdeich ganz zu schweigen.

Blüten und Früchte der Esche

links oben: Der Seefrosch kommt hier noch recht zahlreich vor

Alte Süderelbe: Blick in Richtung Neuenfelde

Extensiv beweidetes Grünland

Teils Brutvogel, teils Gast:
Graugans

Biotope

Altarm der Elbe, Priele, Rinnen, Gräben, Teich, Röhricht, Hochstaudenfluren, Grünland, Weidengebüsch, Auwaldreste.

Flora und Fauna

Die Vegetation im Uferbereich der Alten Süderelbe unterliegt nicht mehr dem Einfluss der Tide und entspricht der eines nährstoffreichen Stillgewäs-

sers. Sie besteht vor allem aus Wasser-schwaden-Röhrichten, Hochstauden-fluren, Weidengebüschen und Au-waldresten. An wenigen Stellen wächst noch das auf der Hamburger Roten Liste stehende Fluss-Greiskraut. Auf dem extensiv bewirtschafteten Grünland der Westerweiden halten Jungbullen und Pferde das Gras kurz und lassen dort Pflanzen gedeihen, die sonst im Hamburger Raum eher selten sind, wie etwa der Bleiche Ehrenpreis. Besonders artenreich ist die Flora in und an den Gräben. Dort wachsen u. a. Froschbiss, Krebsschere, Schwa-nenblume, Sumpf-Calla, Spreizender Wasserhahnenfuß, Wasserfeder und Holunderblättriger Baldrian. Die Alte Süderelbe und der große Teich auf dem Mühlensand sind Lebensraum von Amphibien, wie etwa Wasser- und Seefrosch. Mit rund 150 Exemplaren hat der Seefrosch hier seinen größten Bestand auf Hamburger Gebiet. Das

Vogelleben an der Alten Süderelbe ist vielfältig. Eisvogel und Fischadler ma-chen Jagd auf Fische, im Schilf brüten Knäkente und Rohrweihe, im Auwald sind Pirol und Beutelmeise zu Hause. Im ausgedehnten Feuchtgrünland der Westerweiden brüten u. a. Austernfi-scher, Kiebitz, Rotschenkel und Feldler-che. Im Winter rasten dort zahlreiche Grau- und Weißwangengänse.

Hinweise

Zuständig für die Naturschutzgebiete Finkenwerder Süderelbe und Wester-weiden ist die Behörde für Umwelt und Gesundheit (Umwelttelefon 34 35 36). Betreuung durch den NABU (Telefon 69 70 89-0) und durch den Landes-jagdverband (Telefon 44 77 12). Die Naturschutzgebiete Finkenwerder Sü-derelbe und Westerweiden sind nur eingeschränkt bzw. gar nicht zugäng-

Knoblauchsrauke, Löwenzahn, Gundermann am Wegrand

Baldrian am Wassergraben

lich. Von einer kleinen Parkanlage am Ende der Alten Süderelbe sieht man auf das Naturschutzgebiet Finkenwerder Süderelbe. Über die Straße Vierzigstücken und einen schmalen Weg durch Obstanbauflächen gelangt man an zwei Beobachtungskanzeln des NABU. Von dort aus lassen sich gut Vögel auf der Alten Süderelbe beobachten. Vom Finkenwerder Westerdeich hat man einen schönen Blick auf die Westerweiden.

Verkehrsanbindung

Mit der Buslinie 150 bis Neuenfelde, Rosengarten.

Ein größerer Parkplatz befindet sich an der Straße Neß-Hauptdeich. Weitere Parkmöglichkeiten in der Straße Rosengarten und auf dem Finkenwerder Westerdeich.

Rastplatz für Zugvögel:

Neßsand

Unterschutzstellung

Hamburgische Verordnung vom 28.10.1952. Teils in Niedersachsen, teils in Schleswig-Holstein gelegen. Seit 1998 Schutzgebiet nach der Flora-Fauna-Habitat-Richtlinie der EG (FFH). Zusammen mit dem südöstlich anschließenden Landschaftsschutzgebiet (LSG) Mühlenberger Loch (seit 1998 Vogelschutzgebiet nach EG-Vogelschutzrichtlinie und FFH-Gebiet) ist Neßsand Natura-2000-Gebiet.

Entstehung

Vom Anleger Wittenbergen hat man einen guten Blick auf das Naturschutzgebiet Neßsand. Es liegt auf einer lang gestreckten Elbinsel im Westen Hamburgs. Sie entstand aus den Elbinseln Schweinesand im Osten und Hanskalbsand im Westen sowie der dazwischen in den Jahren 1941 und 1942 neu aufgeschwemmten Insel Neßsand. Das dafür verwendete Material stammte aus Ausbaggerungen im Gebiet des Mühlenberger Loches (neuerdings teils wieder verfüllt), denn dort wurde eine Startbahn für eine Wasserflugzeugwerft der Firma Hamburger Flugzeug-

oben: Blick vom Wittenbergener Elbhang

101

Löffelente

Mauerpfeffer

bau in Finkenwerder gebraucht. Durch fortgesetzte Aufspülungen in späteren Jahren vergrößerte sich der Neßsand so weit, dass er sich schließlich mit den Elbinseln Schweinesand und Hanskalbsand zu einer Gesamtinsel verband. Auch Hanskalbsand und Schweinesand wurden bereits ab Anfang des 20. Jahrhunderts durch Aufspülung vergrößert. Das Naturschutzgebiet umfasst im Wesentlichen Neßsand und Schweinesand. Nur sein nördlicher Streifen und der östliche Teil, insgesamt rund 95 Hektar groß, sind Hamburger Gebiet, und zwar den Ortsteilen Rissen, Blankenese und Finkenwerder zugeordnet. Der Rest gehört zu Niedersachsen und Schleswig-Holstein und wird ebenfalls von Hamburg betreut.

Biotope

Von der Tide beeinflusst: Schlick- und Sandwatt, Sandstrand, Röhricht, Reet, Hochstaudenfluren, Weidengebüsch, Auwald. Stehende Gewässer, Trockenrasen.

Flora und Fauna

Die drei größeren Lebensräume des Naturschutzgebiets Neßsand sind Schlickwatt, Auwald und Trockenrasen. Nord- und Südufer unterscheiden sich in ihrem Erscheinungsbild. Im nördlichen Uferbereich ist durch den kräftigen Tidestrom der Elbe ein langer Sandstrand entstanden. Ihm schließt sich zum Inselinnern hin teils von Weidengebüsch, teils von Hochstaudenfluren begleiteter Trockenrasen an. Hier wachsen anspruchslose Pflanzen wie Sandsegge, Silbergras und Mauerpfeffer. Am Südufer fließt das Elbwasser langsamer, und die Wirkung der Tide ist abgeschwächt, vor allem in den Buchten. Dort bildeten sich mit dichtem Röhricht bewachsene ausgedehnte Schlickwattflächen. Hier findet man etwa den Breit- und den Schmalblättrigen Rohrkolben. Weiter landeinwärts, auf höherem, schon besser durchlüftetem Boden wächst Schilf (Reet). Im Bereich der Tidehochwasser-Grenze siedeln sich die ersten Weiden an: Korb-, Mandel und Purpurweide. Noch weiter im Inneren der Insel brei-

tet sich Auwald aus. Dort gedeihen u. a. Feld- und Spitzahorn, Gemeine Esche, verschiedene Pappelarten, Schwarzerle, Silberweide und Stiel-eiche. Wo Auwald fehlt, wachsen Hochstauden wie etwa die Elbspitz-klette oder die Weidenblättrige Aster. Zur Ufervegetation von Neßsand gehö-ren zwei wirklich seltene Pflanzen: die Wiebelschmiele und der Schierlings-Wasserfenchel. Beide kommen nur noch in den Süßwasserwatten der Elbe vor und sonst nirgends auf der Erde. In den Trockenrasengebieten und im Au-wald leben viele Spinnen- und Insek-tenarten. Besonders artenreich ist die Vogelwelt. Von den 150 beobachteten Arten brüten 60 im Schutzgebiet, dar-unter Austernfischer, Brandgans und der seltene Sandregenpfeifer. Im Früh-jahr und Herbst rasten viele Zugvögel auf Neßsand, z. B. Krick- und Löffelen-ten. Manchmal verirrt sich sogar ein vom Wattenmeer kommender See-hund auf die Elbinsel.

Hinweise

Zuständig ist die Behörde für Umwelt und Gesundheit (Umwelttelefon 34 35 36). Sie hat auch eine gute Ge-bietskarte herausgegeben. Die Betreu-ung des Naturschutzgebiets hat u. a. die Gesellschaft für ökologische Pla-nung (GÖP, Telefon 73 93 12 67) über-nommen. Eine faszinierende Aussicht auf das Elbtal mit Hanskalbsand, Neß-sand und Schweinesand bietet sich vom Elbhang gleich beim Puppenmu-seum im Sven-Simon-Park. Auch vom Elbdeich bei Cranz hat man einen schö-nen Blick auf das Naturschutzgebiet.

Verkehrsanbindung

Das Gebiet ist mit öffentlichen Ver-kehrsmitteln nicht erreichbar. Mit ei-nem Boot darf man nur im nordwestli-chen Abschnitt des Sandstrands von Schweinesand anlanden.

Sumpf-Dotterblume im Ufer-bereich

oben links: Bittersüßer Nacht-schatten im Auwald

Geest und Marsch:

Wittenbergener Heide/Elbwiesen

Unterschutzstellung

Hamburgische Verordnung vom 8.7.1986.

Entstehung

Die insgesamt 39 Hektar großen Flächen Wittenbergener Heide und Elbwiesen im Westen Hamburgs befinden sich im Süden der Gemarkung Rissen. Die Elbwiesen sind Teil der feuchten Marschen im Urstromtal der Elbe. Bei höheren Wasserständen sind sie überflutet. Die aus eiszeitlichen Ablagerungen bestehenden steilen, zum Teil be-

waldeten Elbhänge und die mit Heide, Kiefern, Laub- und Krattwald bewachsenen Binnendünen der Wittenbergener Heide gehören zur Geest. Die Elbhänge bei Wittenbergen waren früher Kliffs, wie sie in Norddeutschland etwa auf Sylt oder bei Travemünde vorkommen. Der Name Wittenbergen verweist noch darauf. Um der fortschreitenden Erosion durch Wasser und Wind entgegenzuwirken, hat man das Steilufer im letzten Jahrhundert befestigt. Früher wurden die Elbwiesen und die nach Abholzung entstandenen Heiden als Weideflächen für Rinder und Heidschnucken genutzt. Ergebnis einer besonderen Form forstwirt-

oben: Eichenblätter und Wolliges Honiggras

Zauneidechsen-Männchen im Paarungskleid

Neuansaat von Besenheide

Gespinste im Gegenlicht

*Größerer Bestand von Schmal-
blättrigem Weidenröschen*

schaftlicher Nutzung sind die Eichen-
krattwälder (s. Hainesch/Iland). Damit
diese Biotope der Kulturlandschaft erhalten bleiben, bedürfen sie der regel-
mäßigen Pflege. Baumaufwuchs ist zu
entfernen, um der Licht liebenden Heide die Existenz zu ermöglichen. Außerdem müssen Verbindungen zwischen
den einzelnen Heideflächen hergestellt
werden, um der Verinselung entgegenzuwirken. Rückschnitt der Erlen
und Weiden und einmalige Mahd im
Sommer bewahren den angestamm-
ten Zustand der Elbwiesen. Durch ent-
sprechende Pflege sorgt man für die
Erhaltung des Krattwaldes.

Biotope

Tidebeeinflusste Auwiesen, Hangtro-
ckenrasen, Magerrasen, Dünen, Heiden, Laubwald, Krattwald.

Flora und Fauna

Auf den nährstoffreichen, immer wieder überfluteten Elbwiesen gedeihen
u. a. Beinwell, Sumpfdotterblume, Erz-
engelwurz, Rote Pestwurz und Wasserschwaden. Im April/Mai blüht dort die
selten gewordene Schachblume. Dieses Liliengewächs konnte sich nur
dank extensiver Wiesennutzung ansiedeln. Im höher gelegenen Bereich des
Naturschutzgebiets finden sich Pflanzen wie Besenheide, Borstgras, Silber-

Elbwiese

gras, Drahtschmiele und Sandsegge. Dieser hat man auch den Namen „Nähmaschine Gottes" gegeben, denn sie breitet sich mit ihren Kriechwurzeln geradlinig auf dem sandigen Boden aus. Auf den feuchten Elbwiesen leben u. a. Libellen und Schmetterlinge wie etwa der Aurorafalter sowie Amphibien (z. B. Erdkröte und eine kleine Population des Bergmolchs). An sonnigen Tagen lässt sich am Elbhang die Zauneidechse beobachten.

Hinweise

Zuständig für das Naturschutzgebiet Wittenbergener Heide/Elbwiesen ist das Bezirksamt Altona (Telefon 428 11-01). Die Betreuung hat der NABU (Telefon 69 70 89-0) übernommen. Der Wittenbergener Strand ist im Sommer ein beliebtes Ausflugsziel. Von hier aus hat man einen schönen Blick auf Elbe und Elbhang.

Verkehrsanbindung

Buslinie 189 bis Tinsdaler Kirchenweg oder Buslinie 286 bis zur Endhaltestelle Falkenstein. Die HADAG-Linie St. Pauli-Landungsbrücken – Lühe/Altes Land bedient auch den Anleger Wittenbergen (nur April bis Oktober an Wochenenden und Feiertagen).

Parkplatz an der Elbe zu erreichen über Wittenbergener Weg und Rissener Ufer.

Der Gemeine Beinwell blüht von Mai bis September

Hamburgs kleinstes Naturschutzgebiet:

Flottbektal

Unterschutzstellung

Hamburgische Verordnung vom 1.6.1982.

Entstehung

Das Flottbektal, mit 7 Hektar das kleinste Naturschutzgebiet Hamburgs, befindet sich im Westen der Hansestadt, in der Gemarkung Klein-Flottbek. Es stellt einen seltenen Biotoptyp dar: die einzige tidebeeinflusste Talaue auf Hamburger Gebiet. Das Areal ist Teil des am Geesthang am Nordufer der Elbe gelegenen Jenischparks. Der Park ist ein Rest der im ausgehenden 18. Jahrhundert von Baron Caspar von Voght (1952–1839) gestalteten Parklandschaft. Der als weitergereister und weltläufiger Philanthrop und Freund der Künste bekannte Kaufmann von Voght hatte hier nach englischem Vorbild eine ausgedehnte „ornamented farm" mitsamt Musterwirtschaft angelegt. Seinen Namen hat der Park vom Hamburger Senator Martin Johann Jenisch (1793–1857), der das Gelände 1828 erwarb.

Biotope

Tidebeeinflusste Talaue, Auwiesen, Auwald, Bruchwald, Laubwald.

oben: Am Mittellauf der Flottbek

109

Im Jenischpark

Häufigste Eulenart in Hamburg:
Waldkauz

Flora und Fauna

Im Süden des Naturschutzgebiets, wo die Flottbek den wechselnden Wasserständen der Elbe besonders ausgesetzt ist, wachsen viele Weiden. Einige der bis zu 80 Jahre alten Bäume sind umgestürzt. Sie treiben aber regelmäßig neu aus und bilden eine Strauchschicht, in der sich Pestwurz und Brennnessel angesiedelt haben. Der Uferbereich der Flottbek ist Lebensraum für Primel, Hahnenfuß und Sauerampfer. Am Rand der überwiegend von Ried bewachsenen Aue finden sich Kohldistelwiesen, in denen Mädesüß, Sumpfdotterblume und Wiesenknöterich gedeihen. Westlich der Aue wachsen an den Hängen und auf den Hügeln Buchen und Eschen, östlich der Aue findet sich ein Erlenbruch. Eine spezielle Fauna des Flottbektals lässt sich wegen der geringen Größe des Naturschutzgebiets nicht beschreiben. Dort und im umgebenden Jenischpark leben z. B. Gelbspötter, Gartengrasmücke, Grünspecht und Waldkauz. Über den insektenreichen Feuchtwiesen jagen Fledermäuse.

Hinweise

Zuständig ist das Bezirksamt Altona (Telefon 428 11-0). Der NABU (Telefon 69 70 89-0) bietet im Frühjahr vogelkundliche Führungen an. Das mit großbürgerlicher Einrichtung ausgestattete Jenischhaus ist zu besichtigen. Das ebenfalls im Jenischpark gelegene Barlach-Haus bietet neben den ständig zu sehenden Barlach-Werken auch wechselnde Ausstellungen. Cafés in beiden Gebäuden.

Verkehrsanbindung

S-Bahn (S1, S11) bis Klein Flottbek. Von dort ein kurzer Spaziergang zum Jenischpark, wo auch das Flottbektal zu finden ist.

Parkmöglichkeiten in der Baron-Voght-Straße und in der Straße Hochrad.

Mädesüß am Auenrand

Wiese mit Schlangen-Knöterich

Durch Moor, Heide und Bruchwald:

Schnaakenmoor

Unterschutzstellung

Hamburgische Verordnung vom 3.4.1979. Seit 1999 Schutzgebiet nach der Flora-Fauna-Habitat-Richtlinie der EG (FFH). Natura-2000-Gebiet.

Entstehung

Das 58 Hektar große Schnaakenmoor liegt im Forst Klövensteen in der Gemarkung Rissen. Das Schnaakenmoor ist nur ein kleiner Teil einer ehemals gewaltigen Binnendünenlandschaft. Sie erstreckte sich entlang der Elbe etwa zwischen den heutigen Ortschaften

oben: Birke mit Zunderschwamm, Flatter-Binse

Geesthacht und Brunsbüttel. Bis zu Beginn des Mittelalters blieb dieser ungefähr 100 Kilometer lange Binnendünenzug mit seinen kleineren Mooren vom Menschen weitgehend unangetastet. Er entstand nach der letzten Eiszeit. Stürme türmten Schmelzwassersande aus dem Elbe-Urstromtal zu großen Dünen auf. In eingestreuten abflusslosen Senken bildeten sich nach Vernässung und Versumpfung allmählich Hochmoore. Auf den Dünen siedelten sich Birken und Stieleichen an, die mit ihrem Wurzelwerk die ehemaligen Wanderdünen befestigten und dadurch eine Austrocknung und Verlandung der Moore verhinderten. Mit zunehmender Besiedlung im Mittelalter verschwanden viele Moore durch Entwässerung und Torfabbau. Zur Holzgewinnung rodeten die Menschen die Birken-Stieleichen-Wälder auf den Dünen. Heide eroberte sich die frei gewordenen Flächen. Bis in das neunzehnte Jahrhundert hinein beeinträchtigte verwehter Sand von nicht durch Pflanzen ausreichend befestigten Dünen die Landwirtschaft. Deshalb wurde stark aufgeforstet. In Rissen entstand auf diese Weise der Forst Klövensteen. Weiter fortschreitende Be-

Eine Libellenart: Großer Blaupfeil

Standortfremder Birken-Aufwuchs

Die Heidelerche findet hier ein ihr zusagendes Biotop

siedlung, intensive Landwirtschaft, forstwirtschaftliche Nutzung der Wälder und der bis nach dem Zweiten Weltkrieg betriebene Torfabbau veränderten das Landschaftsbild nachhaltig. Heute renaturiert man die Moorflächen des Schnaakenmoors durch Wiedervernässung. Dem Licht liebenden Heidekraut wird geholfen, indem man die Heideflächen regelmäßig entkusselt und von Schafen und Ziegen beweiden lässt.

Moor mit standortfremdem Kiefern-Aufwuchs

Biotope

Stehende Gewässer, Moorgräben, Dünentalmoore, Feuchtheiden, Sandheiden, Magerrasen, Bruchwald, Laubwald, Mischwald.

Flora und Fauna

Feuchtigkeitsliebende Pflanzen wie die Glockenheide, das Weiße Schnabelried und verschiedene Seggen und Binsen sind hier ebenso zu finden wie an trockene Böden angepasste Arten wie die Besenheide oder verschiedene auf Magerrasen wachsende Pflanzen. Im Schnaakenmoor leben zwar auch viele Mücken, wie der Name sagt, sie sind aber natürlich nicht die einzigen Insekten. Über 100 Schmetterlingsarten konnten kartiert werden. Darunter Seltenheiten wie die Rohrkolbeneule, der Rothalsspinner und der Rotrandbär. Auch Libellen sind gut vertreten. Beispiele: Plattbauch und Vierflecklibelle. Von den ebenfalls 100 festgestellten Laufkäferarten stehen 25 auf der Roten Liste. Dort sind die auch im Schnaakenmoor vorkommenden Am-

phibien Kammmolch, Moorfrosch sowie Kreuz- und Knoblauchkröte aufgelistet. Mit etwas Glück kann man eine Ringelnatter, vielleicht sogar eine Kreuzotter beobachten. Hier brütende seltene Vogelarten sind Baumfalke, Flussregenpfeifer und Heidelerche. Sogar die Rohrdommel wurde schon gesichtet, brütete allerdings hier nicht.

Weißes Labkraut am Wegrand

Hinweise

Zuständig ist das Bezirksamt Altona (Telefon 428 11-0). Die Betreuung des Naturschutzgebiets hat u. a. die Gesellschaft für ökologische Planung (GÖP, Telefon 73 93 12 67) übernommen. Im Frühjahr bietet der NABU (Telefon 69 70 89-0) vogelkundliche Wanderungen an. Auch Spaziergänge im Forst Klövensteen außerhalb des Naturschutzgebiets haben ihren Reiz. Bei einem kostenlosen Besuch im Wildpark kann man Rot-, Dam-, Sikawild und andere Tierarten beobachten.

Verkehrsanbindung

Mit der S-Bahn (S1) bis Rissen, dann noch etwa drei Kilometer auf dem Klövensteenweg zum östlichen Teil des Naturschutzgebiets oder auf dem Sandmoorweg zum westlichen Teil.

Parkplatz beim Gasthof „Waldschänke" in unmittelbarer Nähe eines Wildgeheges. Ein weiterer Parkplatz am östlichen Eingang am Klövensteenweg.

Wo noch die Nachtigall schlägt:

Eppendorfer Moor

Unterschutzstellung

Hamburgische Verordnung vom 20.4.1982.

Entstehung

Das 15 Hektar große Naturschutzgebiet liegt relativ zentrumsnah in der Gemarkung Groß Borstel. Das Eppendorfer Moor ist ein kleiner Rest der nach der letzten Eiszeit auf der Terrassenkante des Alsterlaufs entstandenen ausgedehnten Moorflächen. Nicht nur heute ist das Eppendorfer Moor dem Einfluss des Menschen ausgesetzt:

Umweltgifte, Verkehrslärm, Nutzung als Erholungs- und Freizeitgebiet. Schon im Mittelalter wurden im Rahmen zunehmender Urbanisierung biologisch wertvolle Flächen zur Bebauung oder zur landwirtschaftlichen Nutzung entwässert und abgetorft. 1948 bis 1950 wurde aufgeforstet und später beim Bau der Alsterkrugchaussee das Grundwasser abgesenkt. Dadurch verschwanden viele Licht und Feuchtigkeit liebende Pflanzen. Weil es sehr klein ist und großenteils von vielbefahrenen Straßen und dicht bebauten Wohngebieten umgeben, lässt sich der ursprüngliche Zustand des Eppendorfer Moores nicht wieder herstellen. Der

oben: Auf nährstoffarmen und nassen Böden zu Hause: Moor-Birke

Grasfrösche mit Laich

Moorsee

Habicht-Rupfung (Haustaube)

Naturschutz konzentriert sich deshalb auf den Erhalt der heutigen Biotope.

Biotope

Stehende Gewässer, Röhricht, Flachmoor, Bruchwald, Heide, Laubwald, Mischwald.

Flora und Fauna

Im zentralen Flachmoorbereich wachsen u. a. Schilfröhricht, Seggen, Gelbe Schwertlilie, Glockenheide, Weiden und Faulbaum. Auch finden sich hier seltenere Pflanzen wie etwa Straußblütiger Gilbweiderich, Sumpf-Blutauge, Lungenenzian (s. Raakmoor) und Gagelstrauch (s. Moorgürtel). Bruchwald aus Birken und Erlen schließt sich an das Flachmoor an. Dort sind Sumpffarne und Faden-Seggen, beides Rote-Liste-Arten, zu sehen. Umgeben ist der Bruchwald von einem Stieleichen-Birken-Wald. Den Abschluss nach außen bildet ein Laubmischwald. Das Eppendorfer Moor war früher besonders reich an Moosen. 1909 kartierte man 140 Arten. Heute sind es nur noch 35

Arten. Viele Tag- und Nachtschmetterlinge sind im Schutzgebiet zu Hause. 1990 zählte man 641 Arten. Von den Libellen seien die Blaugrüne Mosaikjungfer und die Gemeine Smaragdlibelle, eine in Hamburg sehr seltene Art, erwähnt. Amphibien sind vertreten durch Teichmolch, Moor-, Gras- und Wasserfrosch sowie Erdkröte. Das Eppendorfer Moor ist einer der letzten innerstädtischen Lebensräume der Nachtigall. Weiter brüten hier u. a. Kleinspecht, Grauschnäpper und Sumpfmeise. Im Gebiet des zentralen Teiches wurden verschiedene Fledermaus-Arten beobachtet: Wasser-,

Hinterlassene Habichtfeder

*Zwei fehlfarbene und groß-
wüchsige Stockenten-Erpel bei
Begattungsversuchen*

Zwerg-, Breitflügel-Fledermaus und
Großer Abendsegler.

Hinweise

Zuständig ist das Bezirksamt Hamburg-
Nord (Telefon 428 04-0). Die Betreuung hat der NABU (Telefon 69 70 89-0)
übernommen. Er bietet im Frühjahr
auch vogelkundliche Führungen an.
Von Aussichtskanzeln aus hat man
gute Einblicke in den zentralen Bereich
des Naturschutzgebiets.

Verkehrsanbindung

U-Bahn (U1) bis Lattenkamp. Von dort
mit der Buslinie 114 bis Orchideen-
stieg.

Parkmöglichkeiten in den Straßen
Klotzenmoor und Alsterkrugchaussee.

Wandel durch Renaturierung:

Raakmoor

Unterschutzstellung

Hamburgische Verordnung vom 8.5.1979.

Entstehung

Das im Norden Hamburgs in der Gemarkung Langenhorn gelegene Raakmoor ist 18 Hektar groß. Früher war es ein Hochmoor. Fortgesetzter Torfabbau und Entwässerungsmaßnahmen zerstörten allerdings das typische Landschaftsbild. Über lange Zeit hinweg wurde das Gebiet landwirtschaftlich genutzt. Reste von Knicks und zugeschüttete Gräben zeugen noch heute davon. Mittlerweile ist man dabei, das Raakmoor durch Wiedervernässung zu renaturieren. Der Erfolg kann sich inzwischen sehen lassen: Zwar sind noch große Teile des Naturschutzgebiets mit Nadel- und Mischwald bewachsen, doch hat sich bereits ein Übergangsmoor mit typischer Tier- und Pflanzenwelt entwickelt.

Biotope

Still- und Fließgewässer, Übergangsmoor, Schwingrasen, Bruchwald, Mischwald, Nadelwald.

oben: Hinter Bäumen verbirgt sich das Raakmoor

121

Kätzchen der Ohren-Weide

Hufeisen-Azurjungfer (Paar)

Flora und Fauna

Im Wald gibt es verschiedene Farnarten. Beispiele: Königsfarn, Wurmfarn, Eichenfarn. Im Moor gedeihen feuchtigkeitsliebende Pflanzen wie Torfmoos, Glockenheide, Moorlilie und Sonnentau. Das Wasser ist Lebensraum für Laichkraut und Sumpfcalla. Im Randbereich des Moores wächst der Gagelstrauch (s. Moorgürtel). Eine ganz besondere Pflanze ist der Lungenenzian. Er dient den kleinen Raupen des Moorbläulings, eines sehr seltenen Schmetterlings, als Futterpflanze. Unterschiedliche Libellenarten sind zu sehen, etwa die Hufeisenazurjungfer, der Kleine Vierfleck oder die Nordische Moosjungfer. Im Frühjahr sind Moorfrösche zu hören sowie die Gesänge von Fitis, Zilpzalp, Sumpfmeise und vielen anderen Vögeln.

Hinweise

Zuständig ist das Bezirksamt Hamburg-Nord (Telefon 428 04-0). Die Betreuung haben der NABU (Telefon

Glocken-Heide
oben: Gagelstrauch
unten links: Lungen-Enzian

*Verschneite Moorfläche mit Breit-
blättrigem Rohrkolben*

69 70 89-0), der Botanische Verein zu
Hamburg (Telefon 601 60 53) und die
Schutzgemeinschaft Deutscher Wald
(Telefon 53 05 56-0) übernommen.
Der NABU bietet im Frühjahr auch vo-
gelkundliche Führungen an. Von Aus-
sichtskanzeln hat man einen guten
Überblick. Schautafeln geben interes-
sante Informationen.

Verkehrsanbindung

U-Bahn (U1) bis Langenhorn-Nord,
von dort noch 15 Minuten Fußweg
über Immenhöven, Schumacher-Allee,
Herzmoor.

In diesen Straßen besteht auch
Parkmöglichkeit.

Anhang

Lebensräume und Arten nach EG-Vogelschutzrichtlinie und FFH-Richtlinie

NSG Duvenstedter Brook

Vogelarten der EG-VRl: Rohrdommel (Nahrungsgast) – Weißstorch (Nahrungsgast) – Wespenbussard – Rohrweihe – Seeadler (Nahrungsgast) – Fischadler (Nahrungsgast) – Uhu (Nahrungsgast) – Tüpfelsumpfhuhn – Wachtelkönig – Kranich – Eisvogel (Nahrungsgast) – Mittelspecht – Schwarzspecht – Neuntöter.

Lebensräume der FFH-RL: Fließgewässer der planaren bis montanen Stufe mit Vegetation des Ranunculion fluitantis – Feuchte Heidegebiete des nordatlantischen Raumes mit *Erica tetralix* – Trockene europäische Heiden – Pfeifengraswiesen auf kalkreichem Boden und Lehmboden – Feuchte Hochstaudensäume der planaren bis montanen Höhenstufe inkl. Waldsäume – Geschädigte Hochmoore – Übergangs- und Schwingrasenmoore – Torfmoor-Schlenken – Dystrophe Seen – Birken-Moorwald – Erlen- und Eschenwälder und Weichholzauenwälder an Fließgewässern.

Arten der FFH-RL: Fischotter – Kammmolch – Große Moosjungfer – Bauchige Windelschnecke.

NSG Wohldorfer Wald

Vogelarten der EG-VRl: Wespenbussard – Uhu – Eisvogel – Schwarzspecht (Brutverdacht) – Mittelspecht – Zwergschnäpper – Waldschnepfe – Hohltaube – Kolkrabe – Schellente.

Lebensräume der FFH-RL: Fließgewässer der planaren bis montanen Stufe mit Vegetation des Ranunculion fluitantis – Hainsimsen-Buchenwald – Waldmeister-Buchenwald – Sternmieren-Eichen-Hainbuchenwald – Erlen- und Eschenwälder und Weichholzauenwälder an Fließgewässern.

Arten der FFH-RL: Fischotter – Großes Mausohr – Kammmolch – Bachneunauge – Dicke Flussmuschel.

NSG Hainesch-Iland

Vogelarten der EG-VRl: Eisvogel – Wachtelkönig – Mittelspecht – Wasserralle.

NSG Boberger Niederung (eingeschränkt auf Boberger Düne und Hangterrassen)

Lebensräume der FFH-RL: Sandheiden mit *Calluna* und *Genista* (Dünen im Binnenland, alt und kalkarm) – Offene Grasflächen mit *Corynephorus* und *Agrostis* auf Binnendünen – Subkontinentale Blauschillergrasrasen – Extensive Mähwiesen der planaren bis submontanen Stufe – Alte bodensaure Eichenwälder mit *Quercus robur* auf Sandebenen.

NSG Borghorster Elblandschaft

Lebensräume der FFH-RL: Ästuarien – Sandheiden mit *Calluna* und *Genista* (Dünen im Binnenland, alt und kalkarm) – Offene Grasflächen mit *Corynephorus* und *Agrostis* auf Binnendünen – Brenndolden-Auenwiesen der Stromtäler – Extensive Mähwiesen der planaren bis submontanen Stufe – Natürliche eutrophe Seen mit einer Vegetation vom Typ Magnopotamion oder Hydrocharition.

Arten der FFH-RL: Meerneunauge – Flussneunauge – Finte – Rapfen – Steinbeißer.

NSG Kiebitzbrack

Lebensräume der FFH-RL: Natürliche eutrophe Seen mit einer Vegetation vom Typ Magnopotamion oder Hydrocharition – Feuchte Hochstaudensäume der planaren bis montanen Höhenstufe inkl. Waldsäume.

Arten der FFH-RL: Bitterling – Rapfen – Schlammpeitzger – Steinbeißer.

NSG Zollenspieker

Lebensräume der FFH-RL: Ästuarien – Feuchte Hochstaudensäume der planaren bis montanen Höhenstufe inkl. Waldsäume – Erlen- und Eschenwälder und Weichholzauenwälder an Fließgewässern – Natürliche eutrophe Seen mit einer Vegetation vom Typ Magnopotamion oder Hydrocharition – Schlammige Flussufer mit Vegetation der Verbände Chenopodion rubri und Bidention.

Arten der FFH-RL: Meerneunauge – Flussneunauge – Bitterling – Finte – Nordseeschnäpel – Rapfen – Schlammpeitzger – Steinbeißer – Schierlings-Wasserfenchel.

NSG Kirchwerder Wiesen

Lebensräume der FFH-RL: Feuchte Hochstaudensäume der

planaren bis montanen Höhenstufe inkl. Waldsäume.

Arten der FFH-RL: Bitterling – Schlammpeitzger – Steinbeißer – Kammmolch.

NSG Die Reit sowie das Gebiet Die Hohe
Vogelarten der EG-VRl: Rohrdommel – Weißstorch (Nahrungsgast) – Rohrweihe – Fischadler (Nahrungsgast) – Wespenbussard (Nahrungsgast) – Tüpfelsumpfhuhn – Kleines Sumpfhuhn (Nahrungsgast) – Blaukehlchen – Eisvogel (Nahrungsgast) – Trauerseeschwalbe (Nahrungsgast) – Neuntöter – Seggenrohrsänger (Nahrungsgast) – Zwergseeschwalbe (Nahrungsgast) – Sumpfrohrsänger (Nahrungsgast) – Teichrohrsänger (Nahrungsgast) – Rohrammer (Nahrungsgast) – Rotkehlchen (Nahrungsgast) – Zilpzalp (Nahrungsgast) – Wasserralle.

Arten der FFH-RL: Kammmolch – Bitterling.

NSG Heuckenlock
Lebensräume der FFH-RL: Ästuarien – Feuchte Hochstaudensäume der planaren bis montanen Höhenstufe inkl. Waldsäume – Erlen- und Eschenwälder und Weichholzauenwälder an Fließgewässern – Eichen-Ulmen-Eschen-Auenwälder am Ufer großer Flüsse.

Arten der FFH-RL: Meerneunauge – Flussneunauge – Finte – Nordseeschnäpel – Rapfen – Schlammpeitzger – Steinbeißer – Schierlings-Wasserfenchel.

NSG Schweenssand
Lebensräume der FFH-RL: Ästuarien – Feuchte Hochstaudensäume der planaren bis montanen Höhenstufe inkl. Waldsäume – Erlen- und Eschenwälder und Weichholzauenwälder an Fließgewässern.

Arten der FFH-RL: Meerneunauge – Flussneunauge – Finte – Nordseeschnäpel – Rapfen – Schlammpeitzger – Steinbeißer – Schierlings-Wasserfenchel.

NSG Fischbeker Heide
Lebensräume der FFH-RL: Feuchte Heidegebiete des nordatlantischen Raumes mit *Erica tetralix* – Trockene europäische Heiden – Übergangs- und Schwingrasenmoore – Torfmoor-Schlenken – Alte bodensaure Eichenwälder mit *Quercus robur* auf Sandebenen.

Daneben sind im Standard-Datenbogen folgende Vogelarten aufgeführt: Ziegenmelker – Schwarzspecht – Heidelerche.

NSG Moorgürtel
Vogelarten der EG-VRl: Wachtelkönig – Neuntöter – Weißstorch (Nahrungsgast) – Rohrweihe (Nahrungsgast) – Tüpfelsumpfhuhn.

LSG Mühlenberger Loch und NSG Neßsand
Vogelarten der EG-VRl: Trauerseeschwalbe – Flussseeschwalbe – Seeadler – Kampfläufer – Säbelschnäbler – Spießente – Löffelente – Krickente – Stockente – Brandente – Silbermöwe – Sturmmöwe – Mantelmöwe – Lachmöwe – Zwergmöwe.

Lebensräume der FFH-RL: Ästuarien – Feuchte Hochstaudensäume der planaren bis montanen Höhenstufe inkl. Waldsäume – Erlen- und Eschenwälder und Weichholzauenwälder an Fließgewässern – Offene Sandflächen mit *Corynephorus* und *Agrostis* auf Binnendünen.

Arten der FFH-RL: Meerneunauge – Flussneunauge – Finte – Rapfen – Schlammpeitzger – Schierlings-Wasserfenchel.

NSG Schnaakenmoor
Lebensräume der FFH-RL: Sandheiden mit *Calluna* und *Genista* (Dünen im Binnenland, alt und kalkarm) – Offene Grasflächen mit *Corynephorus* und *Agrostis* auf Binnendünen – Geschädigte Hochmoore – Birken-Moorwald.

Arten der FFH-RL: Kammmolch.

Adressen

Auskünfte zum Thema Naturschutzgebiete in Hamburg gibt das Informationszentrum für Umwelt und Entsorgung, Hermannstraße 14, 20095 Hamburg, Telefon 34 35 36. Öffnungszeiten: Montag bis Freitag von 10 bis 18 Uhr. Dort sind auch gute Karten einiger Hamburger Naturschutzgebiete erhältlich. Gegen eine Schutzgebühr bekommt man die von der Behörde für Umwelt und Gesundheit herausgegebene informative Broschüre „Natur in der Stadt. Die Hamburgischen Naturschutzgebiete".

Die zweiteilige Broschüre mit dem Titel „Grüne Oasen in Hamburg" enthält detaillierte Beschreibungen ausgewählter Hamburger Naturschutzgebiete. Sie ist gegen eine Schutzgebühr zu beziehen von der Naturwacht Hamburg e. V., Sonnenlinie 16, 22417 Hamburg.

Zu den einzelnen Hamburger Naturschutzgebieten gibt es im Internet ausführliche Informationen (www.fhh.hamburg.de/stadt/Aktuell/behoerden/umwelt-gesundheit/umwelt/natur/schutzgebiete/naturschutzgebiete).

Im Text genannte Naturschutzverbände

Botanischer Verein zu Hamburg e. V.
Op de Elg 19a, 22393 Hamburg
Telefon 601 60 53

Bund für Umwelt und Naturschutz Deutschland e.V. (BUND)
Landesverband Hamburg e.V.
Lange Reihe 29, 20099 Hamburg
Telefon 60 03 86-0

Gesellschaft für ökologische Planung e.V. (GÖP)
Boberger Furt 50, 21033 Hamburg
Telefon 73 93 12 67

Landesjagd- und Naturschutzverband Freie und Hansestadt Hamburg e.V.
Landesjägerschaft
Hansastraße 5, 20149 Hamburg
Telefon 44 77 12

Naturschutzbund Deutschland Landesverband Hamburg e.V. (NABU)
Osterstraße 58, 20259 Hamburg
Telefon 69 70 89-0

Schutzgemeinschaft Deutscher Wald e.V. (SDW)
Lokstedter Holt 46, 22453 Hamburg
Telefon 53 05 56-0

Stiftung Naturschutz Hamburg und Stiftung zum Schutze gefährdeter Pflanzen.
Steintorweg 8, 20099 Hamburg
Telefon 24 34 43

Verein Jordsand zum Schutze der Seevögel und der Natur e.V.
Haus der Natur, Bornkampsweg 35, 22926 Ahrensburg
Telefon 04102-3 26 56

Hinweis

Der Autor dieses Buches bietet Führungen durch Hamburger Naturschutzgebiete sowie einen Dia-Vortrag zum Thema an: Thomas Schmidt, Neumünstersche Straße 5, 20251 Hamburg, Telefon 46 27 74, E-Mail schmidt@ts-naturfoto.de, Homepage www.ts-naturfoto.de.

Danksagung

Für freundliche Unterstützung danke ich Jan Kinau, Monika Matthiä und Christian Michalczyk (Behörde für Umwelt und Gesundheit); Ute Schönwälder-Krauß (Bezirksamt Wandsbek); Dr. Jürgen Hechler (Biozentrum Klein Flottbek und Botanischer Garten der Universität Hamburg); Horst Bertram (Botanischer Verein zu Hamburg e.V.); Haiko Petersen und Krzysztof Wesołowski (NABU Hamburg); Cordula Bracker, Dr. Veit Hennig und Hans Riefenstahl (Zoologisches Institut und Zoologisches Museum der Universität Hamburg).

Bildnachweis